图说二战战役

西西里大反攻

申文平 主编

吉林出版集团股份有限公司

图书在版编目（CIP）数据

西西里大反攻 / 申文平主编 . —长春：吉林出版集团股份有限公司，2019.7
ISBN 978-7-5581-6697-6

Ⅰ. ①西… Ⅱ. ①申… Ⅲ. ①美英联军西西里岛登陆作战（1943）—史料 Ⅳ. ① E195.2

中国版本图书馆 CIP 数据核字（2019）第 090174 号

西西里大反攻

主　　编	申文平
责任编辑	王　平　滕　林
策划编辑	齐　琳
封面设计	亿德隆装帧设计
开　　本	710mm×1000mm　1/16
字　　数	240 千
印　　张	18
版　　次	2020 年 1 月第 1 版
印　　次	2020 年 1 月第 1 次印刷
出　　版	吉林出版集团股份有限公司
电　　话	总编办：010-63109269
	发行部：010-81282844
印　　刷	三河市天润建兴印务有限公司

ISBN 978-7-5581-6697-6　　　　　　　　定价：45.00 元
版权所有　侵权必究

目　录

第一章
进军巴尔干
　　意大利正式参战 / 002
　　失败：从埃及到希腊 / 018
　　希特勒被迫介入 / 031
　　巴尔干的最后一役 / 044

第二章
兵指西西里
　　"赫斯基"计划出台 / 060
　　海空权的激烈争夺 / 075
　　盟军的指挥失误 / 088
　　最后的墨西拿海峡 / 102

第三章
意大利危机
　　墨索里尼下台 / 120

"魔鬼的杰作" / 133

意大利退出战争 / 152

德军的疯狂反击 / 166

第四章
挺进罗马

处决齐亚诺 / 182

安齐奥的"屠宰场" / 195

一战式的堑壕战 / 212

哥特防线的顽抗 / 223

第五章
曙光初现

意大利的解放 / 238

希腊的解放 / 252

南斯拉夫的解放 / 260

阿尔巴尼亚的解放 / 271

第一章

进军巴尔干

意大利正式参战

第二次世界大战爆发前，在欧洲，除了德国外还有个国家也在扩军备战，这就是意大利。意大利是第一个建立法西斯专政的国家，早就有建立新罗马帝国的野心。

意大利墨索里尼政府对巴尔干半岛诸国、多瑙河流域和地中海东部沿岸都有领土要求，妄图把整个地中海变成自己的内陆湖。在这些地区，意大利斗不过德国、英国和法国，无法取得进展，只好把扩张的方向改为非洲。

意大利第一个扩张的对象是埃塞俄比亚。埃塞俄比亚是落后的封建国家，位于红海南端，是意大利向非洲扩张的战略要地。

一旦意大利吞并埃塞俄比亚后，就能把意属厄立特里亚和意属索马里兰连成一片，并在英国的东非殖民地上插进一个楔子，占领英国通向东方的战略要地。自1934年起，意大利就准备入侵埃塞俄比亚。

1934年，意大利政府颁布新的法令，规定18～55岁的意大利男子都要服兵役，所有国民都参加军事训练。意大利政府按照发动战争的需要，全面改造国民经济。政府在工业生产中强行卡特尔化，大力发展国家垄断资本主义，严格控制工业，快速增强国力。

然而，意大利资源奇缺，在34种必需的军事原料中只有8种能自己生产。70%～80%的煤、95%的石油、99%的棉花，都必须进口。军事原料的短缺严重限制着意大利的军备水平。因此，意大利需加紧储备军事原料。

这时，德国开始充分利用英法意之间不可调和的矛盾，成功地挑拨意大利与英法盟友的关系，利用战争拉拢意大利。

起初，希特勒大力扶持奥地利纳粹党，利用他们在奥地利进行颠覆活动，以实现德奥合并的理想。

1934年7月25日，一群奥地利法西斯暴徒闯进维也纳总理府，杀死了总理陶尔斐斯。一些法西斯暴徒攻下了广播电台，宣布奥地利驻意公使林特伦为总理。很快，这些叛乱分子被镇压了。

意大利飞机厂内待组装的战机堆满车间

意大利总理墨索里尼出动的四个师到达布伦纳山口,并向奥地利政府发出电报,承诺意大利将全力维护奥地利的独立。当时,意大利是欧洲唯一敢向德国动武的国家,因为意大利的军事实力远远超过德国。

得知意大利出兵了,希特勒连忙澄清德国与奥地利叛乱分子没有任何关系,暂时夹起了尾巴。此后的一段时期,希特勒多次主张与奥地利和平友好相处。与此同时,德国正在大肆扩军备战。

1935年10月,意大利军队入侵埃塞俄比亚,英法两国谴责意

德国国防军进驻莱茵兰非军事区

大利，但国际联盟无法制裁意大利。1936年2月，意大利军队靠狂轰滥炸和施放毒气在战场上取得了成功。

看到意大利侵略埃塞俄比亚能够逃脱惩罚，希特勒认为，德军进驻莱茵兰非军事区也不会招致太大的麻烦。再加上美国总统罗斯福于1936年1月6日声明美国今后对欧洲事务持中立态度。希特勒于是对部下说："这些年来的国际政治气候，再没有比现在更有利于德国的了。"

希特勒接着说："应该尽早解决莱茵兰问题，否则意大利一旦吞并了埃塞俄比亚，英国就更不愿意在莱茵兰问题上妥协了。"同时为了减少占领的危险性，在进军当天应该向英法意三国提出几项和平与互不侵犯的建议。

1936年2月22日，意大利总理墨索里尼向希特勒保证，如果德国宣布废除《洛迦诺公约》，意大利不会反对。至此，意大利与英法盟友关系全面瓦解，通往莱茵兰非军事区的道路向德军开通了。

2月27日，法国国会批准了《法苏互助条约》。3月1日，希特勒认为时机已到，决心出兵进驻莱茵兰。3月2日，他下达了进驻莱茵兰的正式命令。

3月19日，国联通过决议，谴责德国重占莱茵兰，破坏了《凡尔赛条约》和《洛迦诺公约》。英法比宣布，在签署新协定前，当德国发动侵略时，相互保证领土完整。但是，只要看一看英国对莱茵兰事件的态度，就会知道这些"保证"只是说说而已。

第二次世界大战前，东欧本来又弱又分裂，经过波兰帝国主义、意大利法西斯主义和马其顿的恐怖主义，东欧进一步分裂，这为德国的扩张提供了条件。

法国本来为应付德国的扩张在东欧设计了法国联盟体系（小协约国），但德国的重新崛起和外交攻势使得欧洲局势动荡起来，这场攻势迫使苏联代替波兰抗衡德国。波兰发现自己突然被苏联和德国包围了，开始百般讨好德国。罗马尼亚解除了来自苏联的压力，南斯拉夫解除了来自意大利的压力，法国联盟体系瓦解了。最后，意大利追随德国，东欧与西欧被德国隔绝了。

看到德国越来越强大，英法两国政府软弱无能，奥地利不得不向德国妥协。1936年7月11日，奥地利总理许士尼格与德国驻奥地利公使冯·帕彭签订了秘密协定和一份公报。在公报中，德国宣布承认奥地利的全部主权；两国互不干涉内政，包括奥地利纳粹党在内；奥地利承认自己是德意志国家。

秘密协定要求奥地利根据德国政府的外交政策来执行自己的外交活动；实行政治大赦，释放奥地利纳粹党政治犯；任命纳粹党成员进入内阁分担政务。通过德奥协定，德国基本上控制了奥地利的内政和外交，同时也打消了意大利政府的疑虑。

1936年8月，英法美三国对德意武装干涉西班牙采取中立政策。意大利在埃塞俄比亚战争中消耗很大，在西班牙内战中投入更大，由于西班牙共和国的坚强抵抗，意大利深深陷入西班牙内战，这样就没有能力阻止德国合并奥地利。

1937年11月6日，意大利参加德日《反共产国际协定》，三国结成法西斯轴心国。在签订《反共产国际协定》的时候，墨索里尼对德国外长里宾特洛甫说："我为奥地利的独立站岗已感到厌倦了。"

第一章 进军巴尔干

墨索里尼对奥地利问题已经不像几年前那样重视了,因为意大利的势力已经发展到地中海和非洲殖民地上去了。墨索里尼放弃奥地利,解除了德国与奥地利合并的一大障碍。为了安抚墨索里尼,希特勒表示不会改变布伦纳关边界,讲德语的南蒂罗尔地区仍属于意大利。德奥合并实际上已经无法避免。

1938年3月,德国吞并奥地利,英法美仍置之不理。事实上,德奥合并是变相的瓜分,因为德国承认布伦纳关边界,还把奥地利民族的一部分放弃,给了意大利,这就是1919年被意大利兼并的南蒂罗尔地区。

1938年3月,希特勒在德国国会宣布奥地利并入德国,议员们行纳粹礼

当纳粹党人在维也纳街头欢呼时,整个中欧和东南欧,都将发生深刻的变革,欧洲的政治均势被彻底打破了。

德国吞并奥地利后,使德国自多瑙河而下,与匈牙利和南斯拉夫有了共同边界,捷克斯洛伐克4/5的边界与德国接壤。希特勒又将矛头对准捷克斯洛伐克。

1938年9月,英法两国及幕后的美国,企图以牺牲捷克斯洛伐克为代价,求得和平。在慕尼黑,英法德意四国签订了肢解捷克斯洛伐克的《慕尼黑协定》,结果捷克斯洛伐克割让苏台德领土给德国。这其实是引诱德国进攻苏联。事实上,绥靖政策是挑拨战争、扩大战争的政策。绥靖政策无法满足德意日三国的侵略野心,加速了第二次世界大战的爆发。

1939年3月16日,德国宣布成立斯洛伐克保护国,德军进驻斯洛伐克。捷克斯洛伐克灭亡了,墨索里尼也赶快行动起来。

★贝尼托·墨索里尼

1883年7月29日,墨索里尼出生在意大利弗利省的多维亚蒂·普雷达皮奥。墨索里尼的父亲亚历山德罗是个乡村铁匠。他喜欢读社会主义书籍,他以墨西哥解放者贝尼托·胡阿雷斯德的名字为儿子命名为贝尼托·墨索里尼。

1900年,墨索里尼加入激进的左翼政党意大利社会党。

1908—1909年,墨索里尼住在奥地利的特伦提诺市。这时,墨索里尼对哲学家尼采和索尔的著作产生了浓厚的兴趣。

1912年,墨索里尼成为意大利社会党的领导之一和党报《前进报》的记者。1914年,他成为意大利弗利省的社会党领袖,他还是该党机关报《前进报》的编辑。

1914年11月5日，墨索里尼在意大利米兰创建《意大利人民》报，思想上从极左转为极右。1915年，墨索里尼退出意大利社会党。

1919年3月23日，墨索里尼在米兰市建立"战斗的法西斯党"。"战斗的法西斯党"的政治纲领是工团主义和民族主义。

1919—1922年，墨索里尼指挥黑衫军冲锋队打击罢工工人、共产党人和社会党人。1920年，共产党人领导的工人罢工被镇压了。1921年大选中，22个法西斯党人成为国会议员。墨索里尼建立国家法西斯党，自任该党"领袖"。

意大利王国首相贝尼托·墨索里尼

1922年10月28日，意大利法西斯党领导了"罗马进军"。在"罗马进军"危机期间，墨索里尼留在大本营米兰，直到意大利国王伊曼纽尔三世召墨索里尼组阁（10月31日）。墨索里尼被国王任命为总理。

墨索里尼上台以后，开始建立独裁统治。

1924年6月10日，意大利社会主义政治家吉亚科莫·马泰奥蒂被人暗杀。意大利国王出于对社会主义者反君主制的担忧，开始全力支持法西斯党。法西斯党取得了同年大选的胜利。1925年1月，墨索里尼宣布法西斯党为国家唯一合法政党。墨索里尼上台后，一直想建立"新罗马帝国"。

1939年4月8日，意大利军队入侵巴尔干小国阿尔巴尼亚。墨索里尼事先并没有发出警告，一位墨索里尼的发言人说，他命令部队保护在阿尔巴尼亚的意大利人，他们曾遭到武装流寇的威胁。

在此之前，意大利和阿尔巴尼亚一直在进行和平谈判。墨索里尼要求阿尔巴尼亚允许意大利海军长期进出阿尔巴尼亚港口，并在阿尔巴尼亚与南斯拉夫及希腊接壤地带派驻军队。阿尔巴尼亚国王索古拒绝了墨索里尼的军事要求。

意大利外相齐亚诺会见了南斯拉夫大使，向他保证意大利对南斯拉夫并无不良企图。南斯拉夫的外交官私下说他们对此保证感到满意。

意大利在阿尔巴尼亚几乎没有遇到什么抵抗。国王索古被赶下了王位，他希望到希腊避难。因为希腊是巴尔干地区唯一对墨索里尼感到忐忑不安的国家。

意大利入侵阿尔巴尼亚，为下一步进攻希腊和南斯拉夫打开了通道。欧洲局势进一步紧张，欧洲一些不肯加入轴心国的小国纷纷表示将严守中立。4月13日，英法两国宣布对希腊和罗马尼亚的领土完整担保，以此来回应德意的战争威胁。这样，德意两国与英法两国的对立就明朗化了。

希特勒这时候已经把侵略目标锁定了波兰。希特勒派戈林赴意大利访问。他想让戈林问墨索里尼是否下决心打大战。

位于意大利罗马市中心的世界八大名胜之一的古罗马竞技场

1939年4月15日、16日，戈林在意大利首都罗马两次拜见墨索里尼。

墨索里尼大谈意大利目前遇到的困难，说意大利现在经济不景气、国内兵力缺乏，军队装备落后，若打一场大的战争，还需要两三年的时间。

戈林得知意大利没有做好近期打大的战争的准备，没敢透露德军将要攻打波兰的计划。戈林劝道："德意两国目前的战略地位已经非常有利，哪怕战争来得早点，两国也完全有能力打败任何大国。"

当时，意大利外相齐亚诺已经在4月中旬就估计德国可能要进攻波兰了。因此，齐亚诺指示意大利驻德国大使随时上报德国下一步军事行动的情报。

4月20日，意大利驻德国大使向外相齐亚诺发电报说："德国人快忍不住了，就要对波兰动武了。"

经过两国代表多次讨论，德意两国元首缔结了"钢铁盟约"，德意军事同盟条约于5月22日在柏林总理府签字。条约签字仪式盛大，德国的军政要员全部出席了仪式。

希特勒下令于1939年8月26日凌晨4时30分对波兰发起总攻。但是，到了25日夜间，攻击令却被希特勒突然取消了，一些提前开动的部队被召了回来。原来，英波两国于8月25日正式结盟，意大利拒绝站在德国一边参战。

当时，墨索里尼对希特勒即将发动的侵波战争既有失望，又有愤怒，他和齐亚诺商量后，决定坦言意大利尚未做好准备，不能采取任何军事行动，对德国的支援也只限于政治、经济方面。

和第一次世界大战时一样，意大利和德国虽然结盟，但并未投

第一章　进军巴尔干

1939年9月1日，德军入侵波兰，第二次世界大战全面爆发。图为德国伞兵第七师空降波兰。

入最初的战争。这对墨索里尼来说，是一种明智的抉择。墨索里尼知道意大利准备不足，自然不敢冒险。于是，墨索里尼一面进行战争准备，一面继续等待观望。只要出现有利于意大利的时机，墨索里尼就会毫不犹豫地做出决定，加入战争或者永远不出兵，这样既安全又实惠。

对于希特勒来说，意大利不出兵，并不一定是件坏事，因为意大利军事实力很弱，未必是个好伙伴，很可能他们只会帮倒忙。

这句话在后来的战争中得到了验证，如果意大利一直不参战，倒是德国的好伙伴，巴尔干和地中海都会相安无事，德国也能专心作战。但意大利恰恰选择了加入战斗，而且是加入德国一方的战斗。

德国外交部长里宾特洛甫建议希特勒收回进攻命令，对局势作重新考虑。8月31日，希特勒决心破釜沉舟，甘冒单独与英法两国发生大战的风险，下达了第一号作战指令，命令德军于9月1日凌晨发起总攻。

9月1日，德军入侵波兰，第二次世界大战爆发。

在中立的国家中，英法两国最不放心的是意大利。如果意大利在德国发动的战争中站在德国一方参战的话，对英法两国来说将是灾难性的打击。如果意大利能限制战争范围的话，它是个不错的调解人。要让意大利认为与英法两国保持友好关系对它有利，意大利就会保持中立。英法两国对意大利百般拉拢。

波兰战役结束后，德国占领了波兰。希特勒多次派人给墨索里尼送来战争纪录片的拷贝文件。希特勒要求墨索里尼能够尽快表态，意大利何时加入轴心国。德国的巨大胜利使墨索里尼信心倍增。

1940年，德军占领了丹麦、挪威，希特勒的目光又瞄向了荷兰、比利时和法国。

5月10日，史无前例的闪击战开始了。德军大举入侵荷兰、比利时和法国，卢森堡当天就投降了。德军铁甲绕过马奇诺防线，冲过阿登森林，迅速向法国腹地杀去。5月12日，攻下法国著名要塞城市色当。5月16日，德军先头部队渡过马斯河，通往巴黎和英吉

第一章 进军巴尔干

德军入侵波兰后在华沙举行游行

利海峡的道路敞开了。

6月10日,法国政府撤出巴黎。

这时候,墨索里尼忍耐不住了。眼看德军势如破竹,胜利就在眼前,法国不可能有翻身的机会了,墨索里尼感到再不参战的话,恐怕就没有分享胜利果实的机会了。尽管法国表示可以让出一些殖民地给意大利,但是墨索里尼拒绝了法国政府的"好意"。

就在法国摇摇欲坠之际,意大利在法国背后又插上了一刀。

1940年,德军入侵法国,几名士兵在法国与瑞士边境处的哨所外交谈。

6月10日，墨索里尼匆忙宣布对法宣战，便急忙诉诸军事行动。

墨索里尼说："我只要付出几千条生命作代价，即可成为战争参加者坐到和会的桌旁。"

6月11日，意大利集中乌姆贝托亲王指挥的西方集团军群对法开战。西方集团军群共有22个师，32.5万人，约3000门火炮和3000余门迫击炮。

而这时的法军已经撤走了一部分，投入到索姆河和埃纳河一线对德作战，法意边界上的法军只有6个师，总共17.5万人，远不如意军人多。

法军占据着有利地形，加上意军的无能，意军在战场上没有取得什么显赫的战果，但这给法国增加了压力。

法国总理雷诺痛心地说："意大利是多么杰出的、高贵的、令人敬佩的民族，这个时候竟在我们背上插了一刀。"

失败：从埃及到希腊

法国沦陷后，德法签订了停战协定，法国南部建立了维希政府。法国在非洲的殖民地也完好无损，仍处于法国维希政府的统治下。墨索里尼希望在非洲大捞一把，法国的殖民地突尼斯和阿尔及利亚受到《德法停战协定》的保护，因此，墨索里尼只好把侵略的目光转向了埃及。

他认为，如果意大利打败了英军并占领埃及，就会受到德国的尊敬和崇拜。因为埃及保护着英国在中东的殖民地——巴勒斯坦和约旦，并控制着叙利亚、伊拉克和伊朗在内的中东其他地区。埃及的亚历山大港可以使英国的海军舰队进入东部地中海。

在埃及的英军由中东地区的英军总司令韦维尔将军直接指挥。韦维尔把近10万人的部队部署在伊拉克、约旦、巴勒斯坦、埃及再到苏丹这样广大的地区。

墨索里尼下达了进攻命令：东非的意军攻打英属索马里，占领红海南部的出海口；北非的意军攻打埃及，占领苏伊士运河。意大利一旦战胜，地中海就成了"新罗马帝国的内海"。

意大利占有厄立特里亚、意属索马里和埃塞俄比亚。法属索马里在《德法停战协定》后就实行了非军事化政策。因此这一地区就只剩下不堪一击的英属索马里了。

1940年8月4日，意军的17个步兵营在装甲部队和炮兵部队的掩护下，从埃塞俄比亚和厄立特里亚进攻英属索马里。

第一章 进军巴尔干

两名意军士兵坐在掩体外休息

当时，索马里的英军为1500人。英国中东总司令韦维尔命令英军做一些象征性的阻击。然后，英军从泽拉港和伯贝拉港撤离。

8月20日，意军吞并英属索马里，打通了苏丹至埃及的交通线。意军占领英属索马里，是意大利在二战中唯一一次胜利。

在墨索里尼的催促下，在苏丹和肯尼亚，意军出动了2个步兵旅和4个骑兵团共6500人，在24辆坦克和装甲车的支援下，攻占了苏丹的卡萨拉镇、加拉巴特镇和肯尼亚的莫亚累镇。然后，意军从南部和西部向埃及快速挺进。

墨索里尼深信，意军将很快摧毁驻守埃及的英军，到时，意大利就会成为非洲的头号势力。

在埃及，韦维尔部署了约3.6万人的英军，改编成两个师抵抗利比亚边境的意军。虽然两师的编制不足，装备和弹药匮乏，但是官兵训练有素，是刚组建的由奥康纳中将指挥的西部沙漠的精锐部队。

1940年夏季，德军入侵英国本土的态势日益明显，在英国的上空，双方的空战不停，德国舰队从莱茵河畔开到了英吉利海峡的

1940年7月，埃及士兵集结完毕，即将奔赴前线。

另一端。法国已经投降，比利时战败，英法联军从敦刻尔克大撤退后，英军只好退守本土。这时，本土的英军武器装备不足，根本无力顾及海外殖民地。可是为了保障埃及以及英军通向殖民地的生命线，中东地区的英军装备必须得到加强，尤其是坦克、大炮和运输工具。

8月15日，英国战时内阁下令加强英军在埃及的力量。增援埃及的英军和装备包括3个坦克营（154辆坦克），48门反坦克炮和48门重25磅的榴弹炮，另外还有大量步兵武器和弹药。增援埃及的英军通过好望角，9月19日到达红海，即将进入苏伊士运河。

1940年，意大利在利比亚驻军25万人，装备了1800挺机枪，350辆轻型坦克和8000辆卡车。意大利部署在利比亚前线的150架飞机比英国当时部署在埃及的飞机要占优势。当时，英军主力集中在西线。

意军兵分两路：一路是在的黎波里，由加里波第将军指挥的第十五军：由6个步兵师和2支黑衫军分队组成；另一路是在东部的昔兰尼加省，由贝尔提将军指挥的第十军：由3个步兵师、1个黑衫军团和1支利比亚部队组成。

显然，贝尔提的第十军急需加强，开始时增加了9个师，后来增加了10个师。

8月19日，墨索里尼听说德国即将入侵英国，立即向新上任的意大利驻利比亚总督格拉齐亚尼下达进攻命令。墨索里尼要求格拉齐亚尼尽快进攻埃及，下令："第一批德军登上英国领土之时，就是你们进攻之时。"

9月7日，墨索里尼主持部长会议，再次下令进攻埃及，但格拉齐亚尼提出时机尚未成熟，请求将进攻时间推迟1个月。陆军参谋长巴多格里奥元帅支持格拉齐亚尼。墨索里尼说，如果格拉齐亚尼再不发起进攻，就把他免职。

在墨索里尼的逼迫下，9月13日，意军冲过利埃边界，向英军发动进攻，英军经过象征性的抵抗后撤退。

通过连续4天的行军，意军顺着边境只前进了105公里，黑衫军攻占了小镇西迪巴拉尼。西迪巴拉尼除了清真寺和警察局以外，全都是低矮的泥舍。

英军第七装甲师主动撤离了西迪巴拉尼，退守埃及境内130公里处的马特鲁。马特鲁是连接埃及亚历山大港的一条铁路的终点站，英军靠近补给基地，可以伺机随时发动反攻。如果意军继续向前推进，补给线就会延长，随时处于英军的袭击下。

意军由于补给困难，被迫停止了推进。意大利人散漫的劣性在这时暴露出来了——意大利军队修筑防御工事时不紧不慢。

这时，丘吉尔做出"艰难而正确"的决定，向中东总司令韦维尔上将送去150辆坦克和其他急需的物资。

虽然英军在数量上很少，不到3万人。面对25万意大利军队，韦维尔的英军官兵却显得坚强和自信。关键的问题是，在坦克运到亚历山大港以前，英国能不能成功地阻止德国空军在英吉利海峡上空的空中攻势。结果，英国在空战中逐渐取得了胜利。希特勒被迫推迟了"海狮"行动——德国海上登陆英国的计划。

韦维尔认为意大利军队在西迪巴拉尼的停留肯定是暂时的，他马上派奥康纳到前线把意大利军队赶出埃及，若进攻顺利的话，把攻势延伸到利比亚。

停泊在尼罗河畔的埃及运输船负责为盟军运载补给

  10月，英军的增援部队不断地到来，补充到前线阵地的英军其他部队中。两军之间有一个130公里宽的中间地带。此后的3个月中，意大利军队的防守逐渐松懈了。

  在此期间，墨索里尼得到西迪巴拉尼后，又把目光投向了希腊战场。墨索里尼仓促做出这一决定是和希特勒密切相关的。

  希特勒用直接手段打败英国的企图落空后，正在积极准备进攻苏联，同时采取间接手段来孤立英国，使英国不能威胁德国。具体来说，就是拉拢日本，对抗英美合作，牵制苏联；利用西班牙、维

中东英军总司令韦维尔上将（左）与印度英军总司令奥金莱克讨论战况，后者于7月2日接替他成为中东司令。

希法国和意大利来控制非洲和西地中海；鼓励东南欧小国与德国结盟，控制巴尔干和东地中海。

在这种情况下，希特勒严禁墨索里尼在巴尔干方向作任何扩张，这当然使墨索里尼深感不快。

希特勒和墨索里尼虽然一再宣称他们之间的合作十分亲密，事实上，两人很少见面和会谈，两国在军事上也没有联合战略计划，两国政府之间更没有共同的外交政策。

希特勒和墨索里尼只是在表面上互相吹捧，实则彼此猜忌。希特勒的一切行动事先都不会告诉墨索里尼，只是在事后才向墨索里尼礼貌地通知一下，因为希特勒认为墨索里尼不能保密。

墨索里尼对希特勒的一帆风顺既羡慕又妒忌，对希特勒的日益专横则是愤怒和痛恨。

10月4日，希特勒和墨索里尼在布里勒隘路会晤，希特勒对三天内德国即将开入罗马尼亚的决定完全保密。事后，墨索里尼非常生气，对齐亚诺说："我要让他在报纸上看到我们占领希腊的消息，这样我才能出一口气。"

巴尔干半岛是欧亚非三大洲的交通要冲，自古以来就是兵家必争之地，号称"欧洲火药桶"。

半岛位于东南欧，半岛西面是亚得里亚海和伊奥尼亚海，东面是爱琴海、马尔马拉海和黑海，南面是地中海，北面以多瑙河及其支流萨瓦河与欧洲大陆连接。联系欧亚大陆的铁路干线由西北方向穿过巴尔干半岛。半岛东部的博斯普鲁斯海峡和达达尼尔海峡是苏联等多个黑海沿岸国家的出海口。

二战爆发的时候，希腊首相扬尼斯·梅塔克萨斯对外宣布中立。然而，意大利总想征服希腊。

意军计划从3个方向入侵希腊：左翼从阿尔巴尼亚的科尔察佯攻弗洛里纳和塞萨洛尼基方向，牵制希军；中路从维约·萨河河谷主攻爱奥尼亚和梅措房；右翼沿希腊海岸线辅攻。意军计划首先占领希腊西北的埃皮鲁斯省，再占领整个希腊。

事实上，墨索里尼不懂军事。他的将军们也对希腊的秋季天气情况估计不足；甚至意军在基本装备上也存在问题，比如竟没有准备冬季军服，意军认为可以迅速征服希腊。墨索里尼没有接受军事

意军登陆希腊

顾问的意见，他们认为意大利没有足够的力量应付全年战争。

1940年10月28日凌晨，意军左翼部队从阿尔巴尼亚攻入希腊。意大利驻希腊大使埃鲁纽马尔向希腊政府提交了为期3个小时的最后通牒，要求允许意军占领希腊的一些战略要地，梅塔克萨斯首相拒绝了意大利的无理要求。

战争的前两三天，意军只遭到希腊掩护部队的袭扰。然而，意军的推进速度仍然缓慢。在希腊沿海地区，意军右翼部队两天时间只推进了约 10 公里。左翼的意军两个师向弗洛里纳方向的佯攻几乎未取得任何进展。在中路，希军只有 1 个多师的兵力，但希军凭借品都斯山地的地形优势顽强抵抗。11 月 2 日，希军挡住了意军主力"恺撒"山地师的攻势。

希军总司令帕帕戈斯将主力集结完毕后，于 11 月初向意军左翼部队发起第一次反攻，迅速地把意军赶回阿尔巴尼亚的科尔察地区。

几天后，希军又切断了意军从科尔察通向西北的主要公路。11 月 14 日，帕帕戈斯集结了 12 个步兵师、2 个骑兵师和 3 个步兵旅发动反攻。

不久，希军全线展开大反攻。在中路，希军于 11 月 5 日撤离便于意军发挥装备优势的谷地，通过意军阵地的间隙绕到敌后，重创了意军的"恺撒"山地师。

在沿海地区，右翼意军的推进速度较快。由于中路意军的惨败，右翼意军害怕孤军深入被全歼，连忙撤退。11 月 7 日，意军全线转入防御。11 月 21 日，希军收复了莫罗瓦山和重要的交通枢纽科尔察。意军面临被合围的危险，仓皇撤退。12 月底，希军攻入阿尔巴尼亚，占领了阿尔巴尼亚南部山区。

意军的惨败严重损害了轴心国的威信，破坏了希特勒关于争取巴尔干国家加入轴心国的计划。为了挽救巴尔干危局，德军统帅部于 1940 年 12 月制定了 1941 年春德军入侵希腊的"马里塔"计划。

墨索里尼为了挽回颜面，决定抢在德军之前攻下希腊，命令意大利"阿尔巴尼亚"集团军群发动第二次进攻。然而，1941 年 1 月，希军把人多势众的意军又打败了。

经过几周的战争准备后，1941年3月9日，意军在整个阿尔巴尼亚前线发动了第三次进攻。意军在兵力和武器装备上具有绝对优势，但经过一周的激战，希军再次战胜意军。意军伤亡高达1.2万人。

在长达6个月的战争中，希军战胜了看似强大的意军。希腊没有军工工业，北非英军把从意军手中缴获的大批弹药和装备送给希军。为了对付德国，希军决定巩固在阿尔巴尼亚的占领区。

★意军惨败北非战场

意大利入侵希腊期间，北非战场上的意军也是接连失败。

1940年12月8日至9日，前进中的英军在严寒的沙漠之夜发现了在意军两大阵地间的空隙地带。英军的坦克和装甲车立即全速前进，卷起股股沙雾，冲向意军防线的空隙。

意军连忙调兵实施堵截，无奈兵力一时无法集中，而且不知道英军的真实意图，不好全力一拼。少数意军坦克在防线上奋起阻击，英军坦克和装甲车稍作攻击后直奔西迪巴拉尼方向。

12月9日7时，驻守尼贝瓦据点的意军正在煮咖啡、烤面包，准备吃早餐。英军的坦克和装甲车辆冲进兵营四周的围墙，墙上意军哨兵被装甲车上的布朗式机枪击毙。

装甲车内的英军士兵涌出车厢，在"马蒂尔达"坦克的掩护下冲向意军兵营。很快，20多辆停在营地外的意军M-13型坦克被"马蒂尔达"坦克击毁。意军的反坦克炮火开始还击，但炮弹无法穿透英军坦克的装甲。意军骑兵的战马多数受惊，搅起阵阵沙尘。

12月10日，面对惨败，格拉齐亚尼为了保存实力，从西迪巴

第一章 进军巴尔干

意军坦克部队停止行进,就地休整。

拉尼向西撤退。当意军撤到布克镇东侧时，进入英军第七装甲师设下的伏击圈。经过激烈的交战后，1.4万名意军成为俘虏。格拉齐亚尼率领意军逃过边境，坚守利比亚的巴迪亚要塞。

12月12日，有3.9万名意军成了俘虏。英军原先估计最多不超过3000人，结果弄得英军不知所措。

韦维尔通过电报询问坦克兵们到底抓了多少俘虏，得到的回答是0.5公顷军官，3.5公顷士兵。战俘太多，英军感到头皮发麻。只好让军需官发给意大利战俘材料，命令他们自己搭建战俘营，把自己关进去。

希特勒被迫介入

1940年12月14日，英军进入利比亚，来到巴迪亚要塞附近。澳大利亚军队赶到后，英澳军队包围了巴迪亚要塞。

1941年1月4日日落时分，英澳军队占领巴迪亚要塞。4万多名意军成了俘虏。

墨索里尼毫不留情地指责格拉齐亚尼："6个将军被俘，1个将军战死，你怎么交代？"为了遮丑，墨索里尼撤销了格拉齐亚尼的职务。

这时墨索里尼已经别无选择了，只好去求助他那位纵横欧洲大陆的柏林盟友——希特勒。

本来，希特勒不想帮助意军。但非洲的战略地位不可小视。所以，在墨索里尼忸忸怩怩提出要求后，希特勒大度地表示，他不会让意大利人失去北非。他准备派一个精锐的装甲兵团赴北非作战。

1941年1月11日，巴迪亚失陷后的第三天，希特勒发出命令，派遣第五装甲师火速前往北非，在2月中旬到达，全力阻止英国人的挺进。赫赫有名的"非洲军团"开始组建了。

德第五装甲师是新改编的，核心力量是第三装甲师，由约翰尼·斯特莱希担任指挥。德第五装甲师是"非洲军团"的第一支部队。

1月22日，由于托布鲁克陷落，德军增援北非的计划被迫提前。溃败的意军一个劲儿地向的黎波里撤退，连意军都不能准确说出非

图说 二战战役 西西里大反攻

隆美尔（右二）来到北非战场后视察前线

洲战场的情况。

2月12日，后来被称为"沙漠之狐"的隆美尔来到非洲这块让他登上军事巅峰的土地。在这里，隆美尔攀上了军人生涯的最高峰，获得陆军元帅军衔，这在德国陆军史上被看作是不可思议的事情。

同日，丘吉尔命令进攻的黎波里的英军停止前进，以少量兵力坚守昔兰尼加省，大部分兵力于3月初调往希腊，韦维尔被迫服从。

早在1939年英国就宣布援助希腊了，英国表示坚决维持希腊的独立。在希腊政府的允许下，英军于1940年10月31日在克里特岛登陆，负责保卫苏达湾，使希腊政府能把第五克里特师调回国内。英军占领克里特岛以后，改善了英国在地中海的战略态势。

英军对希腊的首批增援部队是英国空军的几个中队，它们于1940年11月到达希腊。在意希战争中，英国依据1939年4月向希腊所承诺的保证和英国对意大利及德国作战的战略需要，从雅典附近机场和品都斯地区的机场出动少量飞机支援希军战斗。英国海军在塔兰托港和马塔潘角给意海军以重创，有力地支援了希军的作战。

丘吉尔认为，一旦希腊沦陷，整个巴尔干半岛将被德国控制，会给英国造成极坏的政治和军事影响。

为此，英国采取了许多政治、外交和军事活动，想把南斯拉夫、希腊和土耳其建成"巴尔干战线"，迫使德国把巴尔干地区作为主要战场。然而，英国建立这一战线却困难重重。

由于英国能提供的军事力量太小，再加上德国的强大，土耳其不愿意卷入战争，更不愿意像荷兰、比利时、卢森堡等国一样成为大国的牺牲品。1941年2月17日，在德国的保证下，土耳其与保加利亚签署互不侵犯条约。因此，土耳其没有把德军借道保加利亚视为威胁。南斯拉夫新政府更是力求保持中立，避免卷入大国之间的争霸之战。

随着德国在边境大量集结兵力，新上任的希腊首相科里齐斯放弃了中立的政策，决定接受英国的军事援助。1941年2月22日，英国外长艾登与英军总参谋长迪尔率英国代表团到达希腊首都雅

德国陆军元帅李斯特

典，两国就尽早派遣英国远征军支援希腊问题召开会议。2月23日，希腊正式宣布接受英国的大规模军事援助，允许英军于3月进驻希腊。

1941年1月，意大利军队在希腊和阿尔巴尼亚的处境不妙。希特勒想把德军调到希腊，支援意大利军队。1月19日和20日，与墨索里尼会晤时，希特勒提出了自己的想法。死要面子的墨索里尼想依靠意大利的力量打下去，不想让德国插手。

当时，保加利亚还未同意德军借道。希特勒计划对希腊作战，军事和政治条件暂时都不允许。2月，陆军元帅李斯特与保加利亚总参谋部代表举行会谈。在谈判中，保加利亚拒绝参加对希腊和南斯拉夫作战。但保加利亚同意派6个师驻扎在土耳其边界，以向土耳其施压。

李斯特对保加利亚代表们说："一旦土耳其进攻保加利亚，德国陆军和空军将立刻出兵，德军已经做好完成这一任务的准备。"

3月1日，保加利亚加入轴心国。3月2日，在保加利亚政府的同意下，德军渡过多瑙河进驻保加利亚，对希腊和南斯拉夫构成了威胁。

南斯拉夫和土耳其等巴尔干国家对轴心国的立场摇摆不定，希腊在意大利入侵后全面倒向了英国，巴尔干半岛的局势对德国更加不利了。

希特勒认为，德国在巴尔干的局势主要取决于南斯拉夫，而土耳其的态度在很大程度上也取决于南斯拉夫的态度。希特勒决定不惜一切代价使南斯拉夫加入轴心国。

早在1935年，德国尚未侵略扩张时，南斯拉夫政府就奉行亲

图说 二战战役 西西里大反攻

德军装甲部队正在行进

德政策。1938年，德国吞并奥地利，对南斯拉夫的威胁越来越大。南斯拉夫政府却愚弄民众，说德国保证南斯拉夫的主权不受侵犯。

南斯拉夫共产党反对纳粹主义，揭露了德国法西斯的阴谋，谴责德国的扩张行径，呼吁民众警惕德国"指向东方"的传统野心。南斯拉夫共产党还谴责政府的亲德政策出卖了国家的利益，为德国的入侵敞开了大门。

1941年3月初，德军开始在沿南斯拉夫、保加利亚边境占领阵地。当时，南斯拉夫的战略态势十分不利，其北面和东面已被轴心国包围，南面邻国希腊正与意大利作战。德国向南斯拉夫保证，如果南斯拉夫加入轴心国，他们将保证南斯拉夫的主权和领土完整，并将希腊的萨洛尼卡割给南斯拉夫。在巨大的诱惑面前,南斯拉夫政府于 1941 年 3 月 25 日签字加入轴心国。

早在条约没有签字以前,南斯拉夫空军司令西莫维奇曾警告保罗亲王:一旦加入轴心国,他不能保证部下不发生政变。然而,保罗亲王和茨维特科维奇政府仍然签订了条约。

南斯拉夫政局立刻发生了动荡。3 月 27 日,南斯拉夫部分陆军和空军军官发动了政变。空军准将米尔科维奇是政变的组织者,他邀请西莫维奇参加政变。西莫维奇不愿意参加政变,但他同意在政变成功后,负责稳定政局。

几乎不流血的政变获得了成功,保罗亲王被废黜,流亡国外。彼得从电台听到一个冒充他的声音在向全国发表演讲,感到十分恼火,但没有办法。就这样,他成了南斯拉夫的新国王,西莫维奇成了新首相。

新政府不敢得罪德国,他们决定不宣传前政府加入轴心国的事情。南斯拉夫政府秘密地与英国接触。然而,德国岂肯善罢甘休?南斯拉夫要么成为德国的盟友,要么成为敌人。

希特勒制定了进军南斯拉夫的计划,以解除南斯拉夫的武装,强迫南斯拉夫加入轴心国。

希特勒把这一计划通知给意大利。墨索里尼表示赞成德国的计划。接着,其他轴心国成员也纷纷表示支持德国。轴心国决定,意大利从后面进攻斯洛文尼亚,匈牙利从北边进攻伏伊伏丁那,罗马尼亚和保加利亚提供进攻基地。保加利亚出兵警戒土耳其边境,防止土耳其对南斯拉夫提供援助。

总的来说,进军南斯拉夫打乱了德国入侵苏联的计划,希特勒被迫将"巴巴罗萨"计划推迟。

这时,南斯拉夫政府害怕了,立即宣布承认所有原来已经承担的国际义务,并模糊地向轴心国表示效忠。后来,南斯拉夫政府派一个代表团赴意大利,求意大利为自己撑腰。同时,还派一个代表团赴苏联,商讨签订友好互助条约,企图借苏联压制德国。

针对德国在巴尔干半岛的军事威胁,苏联曾经与保加利亚、土耳其等国紧急蹉商,但保加利亚、土耳其等国更害怕来自苏联的威胁。

4月5日,为了共同对付德国,南斯拉夫与苏联在莫斯科签署了《苏南友好和互不侵犯条约》。南斯拉夫政府强烈要求与苏联签署军事盟约,但苏联不愿意过早与德国开战,没有同意南斯拉夫的建议。

尽管南斯拉夫模糊地承认了旧政府加入轴心国的条约,但希特勒仍不放心,最后他决定征服希腊和南斯拉夫,这一战役的代号为"马里塔"行动。

德军从阜姆、格拉茨和索非亚出发,进攻贝尔格莱德及其以南地区,消灭南斯拉夫军队。同时,德军切断南斯拉夫南部地区与其他地区的联系,然后德意两军从南部地区进军希腊。

这一任务由李斯特的第十二集团军来完成,第十二集团军下辖6个军,包括3个坦克师、2个摩托化师、8个步兵师、3个山地师、党卫军"阿道夫·希特勒"师(党卫军第一师)和"大德意志"团。另外,还有克莱新特的第一坦克集群和魏克斯的第二集团军,这些部队都将在南斯拉夫北部边界作战。

4月5日,第十二集团军完成了进攻准备。4月6日,第十二

英军坦克履带出现故障，士兵站在一旁等待维修人员到来。

集团军同时进攻希腊和南斯拉夫。

在南斯拉夫战场，德军分3处越过保加利亚边界，突破了南斯拉夫第三特别集团军的防线，向瓦尔达河快速推进。两天内，南斯拉夫第三特别集团军被击溃，使德军向希腊进攻的部队没有了后顾之忧。为破坏南斯拉夫军队的调动，德国空军对其交通线实施了大规模轰炸。同时，在其他地段的德军也发动了进攻。

4月8日，在南部斯科普里地区、东部索非亚西北地区、西北克罗地亚和斯洛文尼亚地区，德军与南斯拉夫军队展开了激战。10日，在弗拉涅附近和伊巴尔河上游地区，南军顽强地抵抗德军，激战持续到17日。12日晚，德军攻入贝尔格莱德市。17日3时25分，

被盟军士兵俘虏的德军二号坦克

南斯拉夫投降。

在希腊战场，4月6日，德军越过保加利亚－希腊边界，向南发起强大攻势。德军的战略意图是快速占领从萨洛尼卡至土耳其边界的爱琴海北岸，消灭那里的希腊军队，再占领爱琴海北部的萨索斯岛、萨莫色雷斯岛和利姆诺斯岛，防止英军或土耳其军抢占这些岛屿。

这一地区是防守罗马尼亚油田不可缺少的战略要地。默塔克塞斯防线工事坚固，希腊军队严阵以待，尤其是在斯特鲁马河一带的抵抗特别顽强。

德军出动了大量轰炸机进行空袭，重炮和坦克反复轰击，但希腊军队仍然击退了德军的攻势。德军山地第五师进攻鲁佩尔山口，双方展开了最激烈的战斗。德军突破山口后，向兹拉马和卡瓦拉方向发动攻势，双方发生大规模激战。

4月7日，德军占领克桑西，随后向其他方向分兵突击。同时，另一支德军在多伊兰湖以西挥师南下，迂回到斯特鲁马河与多伊兰湖之间的希腊军队后方。随后，那支德军击溃了希腊军队，希腊军队退守斯特鲁马河。4月9日，德军第二坦克师占领萨洛尼卡港，切断了瓦达河以东希腊军队的退路。那里的希腊军队投降了。

4月10日，在奥赫里德湖附近，德军一部与意大利军队会师。另外，德军两个快速兵团挥兵南下，从后方对马其顿军和英军构成了威胁。

4月10日至12日，在弗洛里纳，德军进攻希腊两个师和英军1个坦克团，双方展开了激战。希军多次发动反攻，均被德军击退。

4月12日，德军在空军的强大火力支援下，突破多处守军的防线，向南快速追击英军。同时，一些德军部队向南和西南扩大了战果。德军企图包围弗洛里纳以东的希军和英军，但希军和英军早在4月10日就撤退了。

希军和英军占领了从奥林波斯山至赫罗米翁的新阵地。从萨洛尼卡发起进攻的德军与希军的后卫部队展开了激战。同时，一路德军突破了中马其顿集团军的防线。另一路德军也突破了意军正面的希军防线。希军决定从北翼把几个集团军撤出阿尔巴尼亚，返回国内作战。

来不及撤退的英军士兵被德军伞兵俘获

　　希军希望在翼侧阵地的掩护下实施这一撤军，翼侧阵地在赫罗米翁，与英军阵地相连，在北面延伸至普雷斯帕湖。

　　李斯特识破了希军这一撤军行动，立即派兵沿科扎尼－弗洛里纳公路向西南推进。4月15日前，一些德军部队已经到达科扎尼。希腊军队无力阻挡德军的攻势，被迫撤向西南品都斯山脉。希军的这一撤军计划被德军粉碎了。希腊军队在北品都斯山脉地区造成了严重的道路阻塞，他们无法得到英军的支援。

　　同时，企图向东南撤到色萨利地区的西马其顿集团军被德军击退，被迫掉头南撤，最后撤到伊庇鲁斯集团军防区。

　　4月17日，被驱赶到品都斯山脉和从阿尔巴尼亚撤退的希军互相混杂，乱成一团。再加上德军不断攻打迈措翁山口，希军又面临着翼侧和后方被合围的危险。

被包围的希军各集团军请求希军统帅部准许他们投降。但国王和帕帕戈斯将军拒绝了他们。不久，一位希腊将军自行下令16个师向德军投降。4月23日，其他被包围的希腊部队也投降了。

★英军兵败巴尔干半岛

巴尔干半岛战争对英军来说败局已定。英军只想着如何避免被歼灭，决心登船逃跑。为了保障英军撤退，一些希腊部队在奥林波斯山附近防守。

由于英军撤退前设置了大量路障，在品都斯山脉和爱琴海之间，德军的进展缓慢。加上天气变幻莫测，德国空军无法出动。4月20日，德军赶到塞尔莫皮莱山口时，英军第一批部队已经撤离港口。

为了减少德军伤亡，李斯特派德军渡海到埃维亚岛，再从哈尔基斯渡海绕到克里特岛，从后面进攻英军。但英军主力于4月23日夜撤走了。侦察不清楚和不及时等原因导致李斯特掌握的情况不准造成了这次失误。

4月24日，德军攻克了英军后卫坚守的塞尔莫皮莱山口。4月27日，占领科林西斯湾，同一天攻入雅典。

在卡拉迈地域，德军俘获了来不及撤退的英军5000多人。6.2万名英军中，有5万多人成功撤离，约1.2万人死亡或被俘，损失舰船20艘。为救出陆军，英海军不顾自身的安危，这给德军官兵留下了深刻的印象。

巴尔干的最后一役

进攻克里特岛是德军入侵巴尔干半岛的最后之战。克里特岛位于东地中海,是爱琴海的门户。英军通过克里特岛可以控制东地中海,还可以对南欧、北非构成巨大的威胁。

克里特岛又窄又长,东西长257公里,南北平均宽32公里,最窄处只有11公里。全岛到处都是山脉,陡峭难行,岛上的河流非常湍急,对部队的运动构成了严重的阻碍。

克里特岛上有3个机场:伊拉克利翁机场、雷西姆农机场和马利姆机场。伊拉克利翁机场能够起降各种飞机;马利姆机场只能够起降战斗机;雷西姆农机场还没有完工。因此英军无法在岛上建立强大的空军。

克里特岛只有北部地区适合登陆,从海岸开始一直是连绵的丘陵,还有一些谷地,这样的地形影响英军的机动。克里特岛对英军是十分不利的,容易受到德军登陆部队的迂回攻击。

德国空军为了消灭逃到克里特岛上的希腊军队和英国军队,巩固德军日后向苏联进攻的右翼安全,制定了代号为"水星"的作战计划。

1941年4月25日,希特勒正式下达攻占克里特岛的第二十八号命令,日期为4月30日,后来改为5月19日。

德国最高统率部计划以空降兵为主发动空降作战。第四航空队包括司徒登特中将的第十一航空军和里希特霍芬中将的第八航

德军伞兵空降克里特岛

空军。

"水星"计划的作战部队以空军为主，陆军和海军为辅。该计划由戈林任总指挥，其中空中作战由勒尔指挥；参战部队还有海军舒斯特尔将军的东南舰队；伞兵由萨斯曼上将指挥。空降司令部位于希腊首都雅典。

戈林决定把空降部队分成西部、中部和东部三个战斗群。

滑翔突击团为西部战斗群，在马利姆空降，占领马利姆港和机场；第七空降加强师的伞兵第一团和伞兵第二团二营为东部战斗群，在伊拉克利翁空降，占领伊拉克利翁机场；第七空降师的伞兵第三团和第二团为中部战斗群,在雷西姆农和卡尼亚空降,占领机场、卡尼亚和苏达湾;第五山地师由预备队机降或由东南舰队运送。伞兵由第七空降加强师师长萨斯曼统一指挥。

由于飞机太少,空降作战被迫分批进行,第一批运送滑翔突击团和伞兵第三团;飞机返航后运送伞兵第一团和第二团。然后预备队机降第五山地师。

4月25日,意大利军队在北非发动了强大的攻势,以阻止英军从埃及抽调部队,支援克里特岛。大批德机对克里特岛的机场和防御工事发动了猛烈的空袭。

英军应希腊政府的撤军要求,把希军、英联邦军队共1个师、

德军空降部队士兵驾驶 DFS 230 滑翔机空降克里特岛

2个团、11个营、5个连，总数约4.4万人撤到克里特岛上，使该岛的防御力量猛增。另外，岛上还有44万居民。

丘吉尔指示中东英军总司令韦维尔上将加强克里特岛的防御。韦维尔认为，弗赖伯格是最佳人选。弗赖伯格是新西兰师少将师长。新西兰师在希腊英勇善战，多次打败德意军队。韦维尔任命弗赖伯格为克里特岛总指挥。

5月6日，英国情报机关掌握了德军空降作战的细节和可能发起攻击的日期，通知了弗赖伯格。

弗赖伯格认为，除非英国海军和空军支援克里特岛，否则克里特岛危在旦夕。但英国海军和空军却无法及时赶来增援，就连韦维尔也无法抽调北非英军增援克里特。

弗赖伯格把苏达湾和马利姆机场作为防御重点，以苏达湾和3个机场为主构成防御体系。由于岛上交通不便、通讯不畅，弗赖伯格把全岛分为4个独立的防区。

5月16日上午，1架德国侦察机在克里特岛上空侦察时被击落，飞行员被俘虏。据德飞行员供认：德军将在48小时内进行空降作战。英军的情报也发现，在希腊南部地区德军集结了空降部队。

5月20日凌晨2时，德军一小队伞兵在克里特岛降落，负责用发光信号接应主力部队的空降。4时左右，德国第一批运输机和滑翔机起飞，升空后，12架飞机为一队，飞向马利姆地区。5时，德国第八航空军对克里特岛的马利姆、伊拉克利翁和卡尼亚发动了猛烈的空袭。7时，德国运输机和滑翔机群飞抵马利姆机场。

德伞兵第一营多数空降在到处是石块的塔威拉尼蒂斯河河谷，迅速集结后，向马利姆机场冲去。德伞兵第三营空降在机场东边的新西兰第二十二营和第二十三营的预伏阵地上，德伞兵遭到猛烈的对空扫射。德伞兵第三营的大部分官兵被击毙。

西部战斗群的德指挥官麦恩德尔在落地时负重伤，他改变了计划，命令第一营和第三营先攻下107高地，再向下进攻马利姆机场。

安德鲁指挥的新西兰第二十二营负责坚守107高地和马利姆机场。其中两个连坚守107高地，另两个连坚守机场。

可是，在107高地上的安德鲁与机场的两个连失去了联系。当德军伞兵第一营进攻塔威拉尼蒂斯河大桥时，安德鲁出动两个连和两辆坦克反攻。安德鲁的两辆坦克被击毁，两个连大部分被

空降后死亡的德军伞兵

击毙。

下午，安德鲁率领两个连的残部向高地顶部逃去。安德鲁于下午 6 时请求撤退。经过批准后，安德鲁率兵逃到第二十三营的阵地上。

马利姆机场的第二十二营的两个连正在机场苦战德军。黄昏时，麦恩德尔的西部战斗群已经不足 600 人了，只好停止进攻。

午夜，西部战斗群从西、南两个方向偷偷地进攻 107 号高地，可是上面没有守军。接着，西部战斗群居高临下，占领了马利姆机场。

德军第一批空降的部队还有在加拉图斯地区降落的中部战斗群，由萨斯曼师长亲自指挥。起飞 20 分钟后，萨斯曼乘坐的滑翔机拖索被战斗机撞断，滑翔机坠毁，萨斯曼和参谋们全部毙命。

德伞兵第三团是中部战斗群的主力部队，它的第一营、第二营降落在盟军较少的地方，第三营却降落在预备旅的阵地上，几乎被全歼。团长海德里克着陆后，发现已经被包围了，只好组织伞兵构筑简易工事，迎击盟军。

弗赖伯格担心来自海上的德军，只用 1 个营进攻海德里克的伞兵第三团，傍晚时盟军停止了进攻。

德中部战斗群的其他部队在雷西姆农空降，由伞兵第二团的第一、第三营分别在雷西姆农机场的东西两侧降落。由于德军运输机在空中遭受地面火力的猛烈打击，有 7 架运输机被击落，2 架因相撞而坠毁，伞兵着陆时过于分散。其中伞兵第二团的团长斯特姆的团部及直属两个连降落在澳大利亚军的阵地上，伤亡惨重。

布劳尔的东部战斗群在伊拉克利翁地区空降，由德伞兵第一团

空降克里特岛的德军伞兵

和第二团二营组成，由于飞机的数量太少，结果空降从下午5时一直持续到晚上7时，东部战斗群混乱地投入战斗。晚7时，布劳尔刚刚着陆，他立即改变了原计划，集中兵力进攻机场。

由于部队陷入混乱，兵力无法集中，所以进攻毫无进展。中部战斗群和西部战斗群的作战，使德军损失惨重。总指挥萨斯曼师长的意外阵亡导致了空降部队各自为战，互不支援。

德第七伞兵师在雷西姆农和伊拉克利翁的攻势被守军挡住了；第七伞兵师很有可能被全歼。但司图登特军长并没有气馁，立即机降预备队——第五山地师，而机降第五山地师的关键是占领一个机场。

由于与岛上德军的联络不畅，司图登特对岛上的战斗进程毫不知情，不知道德伞兵已经占领了马利姆机场。

司图登特派情报参谋克莱，于21日拂晓乘空投补给品的运输机到马利姆机场上空侦察。

就在克莱飞到马利姆几小时后，司图登特听说德伞兵已经占领了马利姆机场。司图登特立即命令第五山地师和滞留在希腊的600名伞兵增援马利姆机场。

600名伞兵于下午3时在马利姆地区降落，近300名伞兵随风飘到新西兰部队的阵地上，只有少数德国伞兵逃到机场。另一半在

德军第五山地师机降克里特岛

马利姆机场降落，与麦恩德尔的残部会师，这是及时的增援，顶住了盟军对马利姆机场德军的攻势。

下午4时，第五山地师乘坐Ju-52型飞机陆续飞抵马利姆机场，尽管英军对马利姆机场发动了猛烈的炮击，击毁或击伤了1/3的Ju-52型飞机。

德军得到了大量的重武器和补给品。傍晚，德军第五山地师已经有一个团投入了战斗，马利姆地区的德军力量猛增。

在雷西姆农和伊拉克利翁方向，两地的机场在盟军掌握中，指挥德伞兵进攻雷西姆农机场的斯特姆上校被盟军活捉了。

21日晚，德军出动一支摩托艇队，运送1个山地步兵营，准备利用夜色的掩护增援岛上的德军。

这支摩托艇队被英国海军舰队拦住，几十艘英军舰炮击摩托艇队。大部分摩托艇被击沉了，只有小部分摩托艇逃到了克里特岛。

弗赖伯格命令第五旅向马利姆机场的德军发动反攻。可是弗赖伯格给各部队下达的命令无法传达下去。

盟军的第二十二营拂晓后才开始行动，在赶往机场的路上，遭到德军的多次阻击，减缓了推进的速度。天亮后，德国第八航空军对德军给予大规模的近距离支援，反攻的盟军第五旅伤亡惨重，无法进攻机场。得到报告后，弗赖伯格被迫下令停止进攻。

23日晨，在德空军的疯狂报复下，英地中海舰队退回埃及亚历山大港。至此，克里特岛上的英军处境更加艰难。

德军夺取制海权后，立即从海上向克里特岛运送重武器和登陆部队，使岛上的德军力量猛增。

24日傍晚前，德军攻下克里特岛的西部地区，向岛上继续推

驻克里特岛的盟军司令弗赖伯格将军（右）观察前方战况

进。26日，修复了马利姆机场后，德空军不断地向克里特岛增兵。德军击垮了坚守卡尼亚的英军。

墨索里尼向克里特岛出动了一个加强团。该团于27日、28日在苏达港和锡提亚登陆，这时，德军攻下了雷西姆农机场。29日，德军于黄昏前占领了伊拉克利翁。

制海权掌握在德军手中后，英军陷入被动挨打的境地，弗赖伯格向韦维尔请示，请求及时撤退。丘吉尔认为克里特岛上的盟军拖住德国空军的每一小时对于处于危难中的北非英军都是十分必要的。

丘吉尔命令英海军组织兵力增援克里特岛。由于德空军掌握了制空权，英海军只能在夜晚偷偷地向岛上增援部队，每次只能送去很少的部队。

但岛上盟军的战斗意志不管有多强都不能扭转败局，盟军若能及时撤退还能保存一些实力，丘吉尔只好同意从克里特岛撤军。

5月28日夜晚，英地中海舰队和商船把盟军护送到埃及和巴勒斯坦地区。31日，盟军有1.7万人安全撤离。但有6000多人成为德军的俘虏。6月2日，德军占领克里特岛，获得了入侵北非、苏伊士运河和中东的跳板和前进基地，保障了德军向苏联进攻的侧翼安全，以及爱琴海和东地中海的海上运输线，解除了英军以克里特岛为基地对罗马尼亚油田的威胁。德意在巴尔干半岛的胜利，使东南欧和东地中海地区的战略形势有利于轴心国。

但是，德军原定的以克里特岛为前进基地，在北非登陆，与隆美尔的"非洲军团"共同向北非英军发动钳形攻势的战略计划没有实施。

克里特岛被希特勒弃之不用，因为德军同时在苏联、西欧、北非3个战场上作战，已没有力量在北非开辟第二战场。英国在克里特岛的抵抗，拯救了马耳他岛，经过克里特空降作战后，德国已没有空降部队了。

英国在巴尔干战役失败后，派遣英国远征军赴希腊的决定在英国引起了非议。有人认为，英国在希腊的战争是巨大的战略错误，因为它严重地影响了韦维尔留下必要兵力以完成进攻利比亚的计划，延长了本该在1941年结束的北非战争。

后来，英国国会议员们认为英国在希腊的军事干涉是内阁感情用事的决定，艾登争辩说内阁的决定是正确的，认为希腊战争延迟了轴心国对苏联的战争。

希特勒事后则认为,如果墨索里尼没有发动希腊战争,或者不需要德国插手,德军完全可以在俄罗斯冬季到来以前占领列宁格勒和莫斯科,就没有日后斯大林格勒的惨败了。

★ **英勇的希腊军队**

巴尔干战争结束后,希特勒在国会的演讲中,不得不承认希腊人的勇敢:"从公正的角度来讲,在我们遇到过的所有敌人中,希腊人在战斗中十分勇敢,他们只是在徒劳无益的情况下才有条件地投降。"

希特勒趁机美化自己:"所有被俘的希腊官兵一律遣送回国,因为他们的英勇。我希望给希腊人一个光彩的和平协定,以表示他们无可指责的反抗。这毕竟都是意大利人惹的祸。"

针对德国人的宣传,英国人也受到了启发,丘吉尔宣布:"我们今后将无法再说希腊人正在像英雄一样地战斗,因为希腊沦陷了。但是,英雄们将像希腊人一样地战斗。"

对希腊实施空袭的意军轰炸机

第一章　进军巴尔干

高举白旗投降的意军士兵

巴尔干地区的农民

图说 二战战役 西西里大反攻

德军伞兵屠杀希腊平民

被盟军俘虏的德军伞兵

第二章
兵指西西里

"赫斯基"计划出台

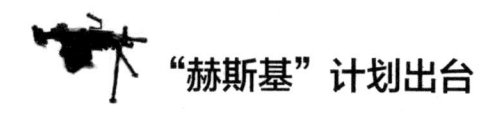

自开战以来，意大利军队的弱点暴露无遗。意军打不过希腊军队，更不是英军的对手，几乎把整个非洲殖民地都丢光了。1940年9月至1941年2月，意大利的东非殖民地全被英军占领。在北非地区，英军已经进攻到班加西。若不是丘吉尔下令把英军调到希腊作战，英军完全有可能占领整个利比亚，并将意军赶出非洲。

希特勒派隆美尔去北非增援意大利。从此，以德国为主、意大利为辅的"非洲军团"与盟军之间长达3年的北非战争开始了。在这场战争中，隆美尔以及他所指挥的少数德军出尽了风头，而庞大的意军则表现得十分不好。在地中海地区的地面战争，理论上是由意军领导，但希特勒派凯塞林元帅常驻罗马，实际上起领导作用。

意大利在二战中是德国最重要的盟友，然而意军却经常给德军扯后腿。从某种角度来说，意大利对同盟国有间接的贡献：意大利挑起了北非战争和巴尔干战争，破坏了希特勒孤立英国的计划，拖延了"巴巴罗萨"计划。北非战争使英军有了用武之地，在欧洲惨败以后获得振作士气的机会。

战争进行到1943年，交战双方的力量对比发生了巨变。在苏德战场，伟大的斯大林格勒战役于2月初结束，苏军转入战略大反攻，德军无力抵抗。在北非战区，英军获得了阿拉曼战役的决定性胜利，英美盟军登陆北非，步步紧逼，德意军队损失惨重，被迫于1943年5月13日宣布投降。自此，西西里战役揭开序幕。

盟军进攻西西里的作战代号为"赫斯基"。该战役的作战计划早在1943年1月就开始制定了。

★英美双方对如何征服德国的争论

1943年1月，英、美两国在怎样征服德国的战略问题上出现了严重分歧。英军参谋们主张攻打意大利，认为这是必然趋势，能够取得意义重大的胜利。盟军攻打意大利能够带来更大的好处，占领福贾附近的机场，从而加强了进攻德国的空中力量。如果幸运的话，还能打通一条由南边进攻德国的路线。

艾森豪威尔将军会见盟军西西里战役主要领导人：空军上将特德，陆军上将亚历山大，海军上将坎宁安（左起）。

美军参谋们的观点是：只有攻打法国，才能占领德国。美军参谋们认为，虽然进攻意大利牵制了德军的兵力，但同时也分散了盟军的兵力，推迟了横渡英吉利海峡的登陆战。

英方认为，目前能够实施登陆的地点只有两个：一个是西西里岛，一个是撒丁岛。撒丁岛的防守薄弱，但该岛缺少能够发动大规模两栖登陆的港口。登陆西西里岛的难度很大，但能够直接威胁意大利，使意大利退出战争；占领了西西里岛，能够保证西西里海峡的安全，使盟军歼灭岛上的德意军队。

英军参谋们认为，攻打西西里岛最重要的意义就是使墨索里尼政权垮台，迫使意大利投降，为同盟国的下一步军事行动打开通路。英方还希望，给德意部队造成的打击会使土耳其政府放弃中立，加入盟国。

美军参谋们对此并不热衷，但他们也承认，在1944年横渡英吉利海峡以前，地中海的盟军部队不能无所事事，应该争取战机，而意大利的西西里岛就成了攻击的首选目标。

最后，盟国参谋们一致认为，在意大利建立一个基地，会大大降低德国人和意大利人的斗志，大大提高盟军的士气。盟国最后确定将西西里岛作为登陆目标，行动代号为"赫斯基"。西西里岛战役的意图是保证地中海的海上运输线；减轻东线的苏军压力；迫使意大利投降。盟军的参谋长们还决定，先登陆西西里岛，再根据情况的变化进攻地中海的其他地方。

4月23日，蒙哥马利给亚历山大发了一份很长的电报，指出第八集团军必须在锡拉库萨和南部的帕基诺半岛之间登陆。

4月29日，盟军在阿尔及尔举行会议。在会议上，蒙哥马利提出一个新的计划。根据这个新的计划，美国第七集团军应改在南部的杰拉一带登陆。而第八集团军则仍在蒙哥马利原来主张的地方登陆。尽管蒙哥马利的计划是可行的，但它却把美军降低为次要角色。

1943年5月12日，突尼斯战役胜利后，在罗斯福和丘吉尔的主持下，盟军联合参谋长会议在华盛顿召开，目的是根据地中海战区、东线苏联战区和太平洋战区的大好局势，确立盟国的新战略。

会议最终决定，攻打西欧的行动，即"霸王"计划（登陆诺曼底）定于1944年5月1日实施；在意大利西西里岛登陆的时间定于1943年7月10日。登陆成功后，盟军将发动新的攻势，击垮意

意大利P26/40重型坦克，1942年开始量产并于1943年装备部队使用。

大利，使意大利退出轴心国。但美国提出了一个条件，即西西里岛登陆作战只能出动地中海的盟国部队，还要从中抽调7个师撤回英国，以便日后"霸王"计划使用。

英国则向美国保证，一定参加1944年5月1日实施的"霸王"计划。盟国已经做好了准备，西西里岛战役快开始了。

为了发动登陆战役，艾森豪威尔将军出任总指挥。盟军组建了第十五集团军群，总司令是英国的亚历山大，下辖英国第八集团军（蒙哥马利）和美国第七集团军（巴顿），总兵力达到47万人。

亚历山大是英国陆军元帅。1891年12月10日，亚历山大出生在爱尔兰的贵族家庭。1911年，毕业于桑赫斯特皇家军事学院，调到爱尔兰近卫军服役。

在阿拉曼前线作战的盟军士兵

1926年，亚历山大被派往坎伯利参谋学院进修。第二年毕业后，调到陆军部和北方军区服役。1939年，亚历山大出任第一步兵师师长，军衔为少将。

在英国远征军编成内，亚历山大率第一步兵师赴法国参战。1940年5月，英法联军开始了敦刻尔克大撤退。撤退期间，亚历山大升任第一军军长，冷静地组织英军撤回英国。1940年12月，亚历山大升任英国南方军区司令，军衔为中将。

1942年3月，日军入侵缅甸。丘吉尔派亚历山大指挥缅甸军抵抗日军。因为盟军一盘散沙和缺乏空中支援，最后亚历山大率残部逃到印度。1942年7月，亚历山大改任英国第一集团军司令，准备参加盟军登陆法属北非的"火炬"行动。

1942年8月15日，亚历山大奉命赴埃及首都开罗，接替奥金莱克担任中东英军总司令，同时晋升上将。在亚历山大的支持下，蒙哥马利继续实施奥金莱克的阵地战计划，坚持等到大量消耗德军后发动反攻。后来，蒙哥马利制定了"捷足"计划。

在英军反攻准备就绪以后，亚历山大下令发动阿拉曼战役（"捷足"计划）。1942年11月7日，英军获得了阿拉曼战役的胜利。1943年1月，亚历山大升任北非战区盟军最高副司令兼任盟军第十八集团军群司令。第十八集团军群下辖英国第一集团军、美国第二军和英国第八集团军。

1943年3月17日，盟军开始围攻突尼斯的德意军队。德意军队投降后，亚历山大改任第十五集团军群司令，兼任地中海战区盟军最高副司令。第十五集团军群下辖美国第七集团军和英国第八集团军，任务是进攻西西里岛。

英国陆军元帅亚历山大

西西里战役结束后,亚历山大计划于1944年1月20日左右派第五集团军攻打古斯塔夫防线:美国第二军渡过拉皮多河,牵制德军兵力,再占领利里河谷;美国第六军在古斯塔夫防线后面的安齐奥登陆时,第五集团军其他部队趁机突破德军防线。

1944年1月22日,美国第六军在安齐奥登陆,德军开始对安齐奥发动大规模反攻。结果,该计划失败,第五集团军无法突破古斯塔夫防线。

1944年2月18日和29日,德军两次发动大规模反攻,都因美军火力过猛而失败。从此,美军长期发动空袭和炮战。亚历山大被迫调整盟军兵力:从第五集团军中撤回英国第十军,把第八集团军调到卡西诺地区，担负主攻利里河谷的任务。亚历山大的新计划是：第八集团军从 6 号公路突破德军防线，再进攻罗马；美国第六军从安齐奥滩头阵地进攻，在瓦尔蒙托内切断 6 号公路。亚历山大准备凭借优势兵力包围德军第十集团军。

1944 年 5 月 10 日，盟军发动了大规模进攻，受挫后，法国元帅朱安请战，率领法军突破了古斯塔夫防线，美军趁机向安齐奥和阿尔班山地推进。5 月 15 日，第八集团军进攻利里河谷。美军继续向瓦尔蒙托内进攻，同时以主力进攻罗马。结果，亚历山大围歼德军的计划失败。5 月 26 日，在安齐奥的盟军也向北进攻。6 月 4 日，美军占领罗马，德军早已撤走了。

1944 年 12 月，亚历山大升任地中海战区盟军总司令，晋升元帅。盟军拥有绝对的兵力优势、装备优势和制空权、制海权。

亚历山大计划在雷诺河下游与波河之间围歼德军。1945 年 4 月 9 日，经过大规模空袭和炮火准备后，第八集团军发起大规模攻势。1945 年 4 月 18 日，第八集团军越过阿尔詹塔峡谷。1945 年 4 月 14 日，第五集团军发动攻势，于 1945 年 4 月 19 日到达波伦亚近郊。1945 年 4 月 29 日，德军被迫签署无条件投降，亚历山大代表盟国接受德军的投降。

1946—1952 年，亚历山大担任英国驻加拿大总督。1952—1954 年，亚历山大升任国防大臣，于 1954 年退役。1969 年 6 月 16 日，亚历山大逝世。

为了配合西西里登陆作战，英国海军上将坎宁安出任盟军海军总司令，拥有战斗舰艇和登陆船只 3200 艘。英国空军中将特德指挥空军，拥有飞机 4000 多架。

图说 二战战役 西西里大反攻

英国第八集团军司令蒙哥马利（中）与美国第七军军长巴顿（右），听取巴顿副手杰弗里·凯斯的介绍。

具体计划的制定者们认为，西西里战役的成功依赖于3个因素：制海权、制空权和夺取港口。由于英国海军早就在地中海夺取了制海权，第一个因素拥有了。最大的难题是第二个因素，盟军飞机能够利用的唯一地点，是位于利卡塔和锡拉库扎间的西西里东南角沿岸。那里的3个港口，无法满足大批盟军部队对物资的需要。

美军参谋们提出，首先应该攻占西西里岛上那些盟军飞机能提供空中掩护的海滩，先修筑机场，扩大飞机的掩护范围。在这些任务完成以后，登陆部队的主力再在巴勒莫和卡塔尼亚的主要港口附近登陆。

这一计划遭到了蒙哥马利的强烈反对。他指出，这样做增援的德军很可能歼灭兵力分散的盟军小股登陆部队。亚历山大和蒙哥马利主张在盟军飞机能够提供空中掩护的某一地区，发动大规模的登陆。至于后勤问题，英国海军认为，由于拥有了大批新式坦克登陆舰和几百辆水陆两栖卡车，进攻的登陆部队能够在3个港口的支援下，通过西西里岛的海滩登陆场进行有效的补给。

蒙哥马利是一位优秀的军事统帅，但性格古怪，心胸狭小，总是追逐荣誉。蒙哥马利看到，巴勒莫是块"宝石"，一旦巴顿占领了巴勒莫，就会获得巨大的荣誉，或许会使自己的战绩受到影响。

蒙哥马利阻止巴顿夺取巴勒莫，他的方案实际上使巴顿率领的美军陷入更难的境地。美军登陆的滩头非常暴露，还有沙洲障碍，而且，美军只有一个小港可供补给，这会给补给工作带来巨大的困难。蒙哥马利将要占领的是锡拉库萨、卡塔尼亚、墨西拿等城市。而美军只能占领杰拉、利卡塔等小镇。

蒙哥马利的作战方案既不公平又有不可告人的目的，遭到了众人的反对，就连英国海军上将坎宁安、空军上将特德等人也表示抗议。

出于对共同事业的忠诚，艾森豪威尔批准了蒙哥马利的大规模登陆计划。

巴顿对此感到气愤而厌恶，但也接受了这一事实。因为巴顿渴望参加战斗，特别是一场大规模登陆战役更是他渴望的。其次，巴顿十分敬重艾森豪威尔，他知道，自己的今天是与艾森豪威尔的扶植分不开的，因此他不愿意公开违抗艾森豪威尔的意志。

蒙哥马利又提出，英军与美军在战斗中需要相互的直接支援，其后勤需要相互帮助，需由一位集团军司令和一个联合参谋部负责。显然，蒙哥马利想指挥美军。

艾森豪威尔不肯同意，不想让英国人把荣誉都抢走。他认为，美军已经屈居辅攻地位了，再也不能失去独立性了，那样做会严重挫伤美国官兵的自尊心。

意大利西西里岛风光

计划规定：突击部队分为东线的英军和西线的美军，英军在西西里岛南部登陆，美军在东南部海岸登陆。上岸后迅速向北发动进攻，从而夺取西西里岛。运送两支登陆部队的海军舰队是美国休伊特海军中将率领的西部特混舰队和英国拉姆齐海军中将率领的东部特混舰队。

西部海军特混舰队运载美军登陆部队，分成3个编队，负责在西西里岛东南部杰拉湾海岸长达60公里的海滩上强行登陆，占领利卡塔港、杰拉港和斯科利蒂渔村，作为登陆场。

东部海军特混舰队运载英军登陆部队，分为4个编队，占领西西里岛南部的帕基诺半岛和诺托湾沿岸。英军的登陆正面长达160公里，英军面临着巨大的挑战，同时是第二次世界大战中界面最宽的一次登陆战。

参加登陆的部队美军和英军各占一半。美军拥有580艘舰船和登陆舰，搭载1124艘登陆艇，从比塞大以西的北非各港口出征；英军拥有818艘舰船和登陆舰，搭载715艘登陆艇，从东地中海和突尼斯出征。

另外，英海军出动6艘战列舰、2艘舰队航空母舰、6艘轻型巡洋舰和24艘驱逐舰组成掩护舰队，由英国海军中将威利斯率领，以防止意大利海军给登陆舰队造成巨大的威胁。登陆时间定为1943年7月10日凌晨2时45分。

1943年5月19日，亚历山大将军下达作战指令，把西西里战役分成5个阶段：第一阶段，海空军摧毁德意的空军部队和空军基地，夺取制空权。第二阶段，在空降兵的支援下，于拂晓前发动两栖突击，保证海岸机场、利卡塔港、锡拉库扎港的登陆阵地。第三阶段，扩展巨大的阵地，以阵地为跳板攻占奥古斯塔、卡塔尼亚和杰比尼的机场。第四阶段，攻占以上地区。第五阶段，占领整个西西里岛。

亚历山大将军要求英军全速向墨西拿推进，并控制墨西拿海峡，切断西西里岛德意军队的海上补给线。

同时，美军保护英军翼侧的同时攻占重要的机场，英军和美军发动机动战，使德意军队在埃特纳火山附近陷入包围，防止德意军队逃回意大利。

为了使德国和意大利相信盟军的主攻目标是希腊，第二进攻目

英国海军建造的伊丽莎白女王级战列舰"厌战"号。主要装备8门381毫米口径主炮、12门152毫米口径副炮。

标是撒丁岛，盟军散发了假情报，把一具带有伪造文件的"马丁少校"的尸体放在西班牙海岸。伪造的文件落入德国间谍手中。

德国最高统帅部收到文件，没有经过认真的分析竟相信盟军会在撒丁岛或者希腊登陆，结果德军装甲师和鱼雷舰艇被调往撒丁岛和希腊了。对此，隆美尔气愤地说："只有傻瓜才不知道盟军下一步的进攻目标是西西里岛！"盟军登陆舰队在航行时没有从北非直接驶往西西里岛，而是绕行邦角改向南再向西西里岛驶去，以迷惑德国和意大利。

在德国最高统帅部，对地中海战略问题存在着严重的分歧。隆美尔认为，兵力较少的德军无法依靠意军，盟军一旦发动攻势，德军应该立即撤离撒丁岛、西西里岛、希腊，以及比萨-里米尼一线以南的意大利领土，集中兵力投入苏德战场。

德军南线总司令凯塞林空军元帅强烈反对，他不想把意大利的空军基地让给盟军，这样，德国的工业区和罗马尼亚油田会暴露在盟国空军面前。凯塞林认为只要提供少量的德军部队及大量的装备，意大利军队会英勇作战的。

希特勒采纳了凯塞林的主张，不想放弃意大利领土。希特勒下令向意大利增兵，即增援6个师，使意大利的德军总数达到13个师。德国在撒丁岛重建了第九十师，在西西里岛重建了第十五装甲师，希特勒还向意大利南部增援了"赫尔曼·戈林"装甲师和第十六装甲师。为了防止意大利军队叛乱，希特勒指示在危急时解除意大利军队的武装，迅速占领意大利。

驻守西西里岛的部队是意大利第六集团军，意大利老将古佐尼将军出任司令，下辖8个海岸师、4个意大利机械化师和2个德国装甲师，总兵力为27万人（包括后来增援的两个德国师）。德军的埃特林中将控制着德国师和古佐尼。另外，德国空军元帅戈林也经常给"赫尔曼·戈林"师下令。

8个意大利海岸师的装备十分落后，士气低迷，希特勒也对抵御盟军的登陆不抱什么希望。主要问题是4个意大利机械化师和两个德国装甲师该如何部署。凯塞林指出，在盟军登陆部队登陆时，守军应该把盟军歼灭在海岸附近。埃特林认为在确定盟军的主攻方向后，守军从中央阵地发起反攻，把盟军赶下海。

埃特林下令，机动师在直径240公里的西西里岛分散部署，盟军登陆后立即向德军发动反攻。盟军伪装向特拉帕尼进攻的登陆计划取得了效果，埃特林进一步分散兵力，把第十五装甲榴弹师调到了西西里岛西端，部署在西部的有两个意大利机动师。另外两个意大利机动师与"赫尔曼·戈林"师防守西西里岛东部。当时，德军在西西里岛的兵力仅为2.3万人，后来，德军投入西西里战役的总兵力为6万人。

海空权的激烈争夺

登陆前的两个月内，盟军空军对意大利主要机场、港口、潜艇基地以及分布于西西里岛、撒丁岛和亚平宁半岛南部的工业中心，实施了连续空袭。在登陆战役开始前夕，这些目标都遭到重创，盟军空军取得了制空权。

根据盟军统帅部的计划，西西里登陆作战的第一步是攻占班泰雷利亚岛。

班泰雷利亚岛是意大利海军的飞机和鱼雷艇基地，地处突尼斯和西西里岛之间。班泰雷利亚岛是德意两军"不沉的航空母舰"，日后会对盟军登陆构成巨大的威胁。再有，盟军的多数飞机的作战半径都很小，急于攻占班泰雷利亚岛，作为空军基地。

班泰雷利亚岛的面积很小，但海岸十分陡峭，可以供登陆的地段很少，再加上岛上的地形十分复杂，无法大规模登陆，而且无法空降。从全局角度来看，如果进攻班泰雷利亚岛的战斗失败，会降低盟军的士气。

丘吉尔承认，班泰雷利亚岛的军事价值很高，但它到底是一个小岛，岛上的守军人数顶多不超过5000人，但艾森豪威尔反驳道，岛上守军人数一定超过了5000人。

丘吉尔要与艾森豪威尔打赌："如果岛上守军人数超过了5000人，每超过一个人，赌注增加一生丁（生丁为阿尔及利亚的货币单位）。"艾森豪威尔微笑着同意了。

盟军对西西里岛实施空中打击，同时海军从海上封锁了该岛。图为德国货轮被击中后冒出浓烟。

轴心国将班泰雷利亚岛宣传成一座火炮如林的堡垒，称它是海军要塞。其实，班泰雷利亚海军基地只是古迦太基人遗留下来的四面峭壁的小港而已，仅能停泊较小的舰船，只有7门海岸炮和15门高射炮，装备破旧，炮兵阵地连防御工事都没有。

1942年11月，当意大利人发现西西里海峡有丢失的危险时，马上决定增强该岛的防御。然而，意大利只做了几项小改进。因此

第二章 兵指西西里

一旦盟军猛攻该岛，这些小改进是起不了太大防御作用的。

盟军进攻班泰雷利亚岛没有太大用处，本来能绕过班泰雷利亚岛进攻西西里岛，但盟军不急于进攻西西里岛，决定先把小小的班泰雷利亚岛攻下来。结果，浪费了大量的空军兵力，同时白白浪费了一个月的时间。

盟军用来对付班泰雷利亚岛的方法就是空中打击和海上封锁，当所有的抵抗都瓦解以后，再轻松地攻下该岛。

班泰雷利亚岛很小，该岛守军没有空中力量，更没有外来的空中支援。相反，盟军则拥有绝对的空中优势。

班泰雷利亚岛的指挥官为意海军的帕韦西少将。岛上约有1万人，使小岛的防御更加困难，因为岛上的食物严重匮乏。从1943年1月以来，该岛的补给几乎中断了。岛上只有三口水井，居民们主要从屋顶上接雨水使用。

守军必须从西西里岛用船装运淡水。考虑到这些困难，意海军部于1943年3月间向意大利政府请求把岛上的居民撤回国内。但意大利内政部反对这件事，认为这样会影响意大利的士气，事实上是怕花钱安置难民。

从1943年5月18日起，盟军每天派近百架轰炸机对班泰雷利亚发动空袭。同时，盟国海军从海上封锁了该岛。

盟军从空中轰炸该岛一直持续到1943年5月28日，每天空袭三四次，把该岛的炮台、防御工事和交通系统全部摧毁。该岛的所有建筑物和防御工事也一律被盟军飞机炸毁，岛上幸存的居民失去了一切，包括粮食，他们躲在战壕里不敢露头。空袭还把岛上仅有的几条公路给炸烂了，使各个据点之间的守军失去了联系。

美军士兵正在维修6轮两栖装甲车"鸭子"

白天，守军不敢出来修路，因为盟军战斗机只要发现有人就疯狂地扫射。到了晚上，守军只好连夜施工。1943年5月29日，盟军每天的轰炸次数增至六七次。

到1943年5月底，所有守军都撤离了该岛。1943年6月2日，盟军每天的轰炸次数猛增至10～12次。

1943年6月7日，盟军的轰炸猛增到15～20次。1943年6月9日，盟军调来大批轰炸机，持续轰炸了一天。在许多盟军将领的回忆录中，他们骄傲地宣称无休止的轰炸是为了使守军无法睡觉：

"我们日夜进行空袭，一天 24 小时紧张着的守军感到体力日益消耗而被拖垮。"

盟军夜间空袭的结果是岛上修路工程停止了。很多据点被孤立起来，守军的粮食和淡水越来越少。淡水是最大的问题。岛上的 3 个水井早已被炸毁，剩下的唯一水源就是沿岛各处修建的少数贮水柜。

意海军在黑夜从特拉帕尼港派出一艘淡水船到达该岛，同时空军用飞机运载少量的水在晚上降落该岛。该船同时运来了一套将海水过滤和淡化的设备，它奇迹般地突破了盟国舰队和夜间巡逻机的重重封锁而完成了任务。

由于盟军的空袭，守军经过三天三夜的努力，在被摧毁的港内仍无法将设备卸下船，该船只好把设备运回西西里岛。

岛上居民只有一个躲避空袭的好地方，就是炮台的地下弹药库和其他地下军事设施。难民们挤在狭窄的工事里，生活之惨是无法想象的。大部分难民是老弱妇孺，他们又饿又渴。在盟军持续轰炸的情况下，留在岛上的军民都知道他们被抛弃了，因为他们看不到轴心国的飞机。

事实上，轴心国的飞机曾多次努力支援岛上，但它们总被拦截，很多飞机在没有看见该岛前就被击落了。轴心国海军的大小鱼雷快艇多次企图冲破该岛的封锁，均被盟军舰队击退。

1943 年 6 月 1 日后，盟军舰队的几艘驱逐舰开始在晚上靠近班泰雷利亚岛，并向岛上发射炮弹。岛上只剩少数几门海岸炮，对盟军舰队的强大火力无力还击。这样一来，越来越多的盟军军舰靠近该岛发射炮弹。守军司令帕韦西每天都向海军部报告防务情况。

盟军将坦克运载至西西里岛

1943年6月2日在帕韦西的报告中说防守无望，投降只是时间的问题。1943年6月5日，盟军曾放出招降的信件，但守军没有同意。

1943年6月8日上午，有1艘盟军巡洋舰前来轰击。1943年6月11日以后又有4艘盟军巡洋舰前来轰击。

1943年6月9日，盟军又来招降，守军不肯投降。盟军发动了持续的航空轰炸和舰炮轰击。炸弹像雨点一般落下，浓烟笼罩全岛，经过两天才散去。从盟军空中拍摄的照片来看，该岛上弹坑密布，有点像月球。

1943年6月10日晚，岛上只剩两门高射炮还可使用，因其阵地在山林里，用它抵抗盟军登陆是不可能的。岛上的电话和道路都被摧毁，命令必须由传令兵步行传达。尽管几处水柜还剩一点淡水，但总量顶多能用4天，很多军民已经断水，更不可能获得补给。在最后6天里，盟军仅向该岛的东部就扔下了5000吨炸弹。根据该岛面积来说，这种密度是罕见的。

1943年6月10日晚，帕韦西报告说岛上的抵抗力不复存在。意大利统帅部授权帕韦西投降。1943年6月11日黎明，盟军大批轰炸机疯狂轰炸该岛。上午9时，帕韦西决定停止无意义的挣扎，向海军总部报告他将投降。这时，意大利统帅部向岛上下达命令，墨索里尼命令帕韦西以断水为由求降。一面白旗在该岛上升起，但全岛被硝烟所笼罩，盟军看不到。

10时，盟军登陆舰与大量军舰出现于该岛附近。残余的海岸炮向盟军登陆艇发射炮弹，盟军以压倒之势的空袭把海岸炮消灭干净。12时，帕韦西利用无线电求降。12时30分，首批美军登陆。大部分守军投降，真正的登陆战并没有发生，有的只是零星的抵

美军两栖登陆部队登陆西西里岛

抗，因为一些孤立的部队并没有接到停止投降的命令。盟军的空袭因通讯混乱持续到下午。后来，美空军指挥官斯帕兹曾为这件事向帕韦西道歉。

班泰雷利亚岛的投降，是历史上第一次单独由空中轰炸造成的投降。盟军只损失了40名飞行员，却俘虏了1.1万多意军。愿赌服输，丘吉尔掏了65法郎。

但是，关于马耳他岛抵抗力之强大总被英国所津津乐道，事实上马耳他岛的抵抗能力与班泰雷利亚岛是没法比的，也从未经历过像班泰雷利亚岛那样的考验，从未承受过像班泰雷利亚岛那样大规模的持续轰炸。

另外，英国支援马耳他岛的抵抗是有充分理由的，因为马耳他岛可以用来改善英国在地中海的态势，同时英海军占据制海权，送来援助和补给是很容易的。相反，班泰雷利亚的守军最后被意大利抛弃了，而守军的抵抗只是为了在轰炸中生存而已。

班泰雷利亚岛陷落以后，在特拉帕尼港与的黎波里之间的兰佩杜萨岛就更没有防守的希望了。盟军向兰佩杜萨岛发动了大规模空袭，但悲剧重演的时间短多了，因为该岛更小，防御更差。盟军从

盟军部队登陆西西里岛附近的小岛

6月5日开始轰炸该岛，一周后就占领它了。

1943年6月13日，盟军又占领了附近的利诺萨小岛和兰皮奥内岛。至此，盟军占领了西西里岛附近的所有岛屿，消除了通向西西里岛的障碍，使盟军的西西里登陆战得到了保障。

盟军马上投入西西里战役的准备工作。空军部队立即进驻班泰雷利亚岛，加快修整和扩建空军基地。其他部队则开始登陆作战的战前准备。

1943年5月，意大利老将古佐尼来到西西里岛。他了解到，两个德国师具有顽强的战斗意志，但装备不足，兵力太少。意军虽然有20多万人，但只有4个师勉强算得上是机械化师，意大利部队的军事素质极差，装备低下。

古佐尼还发现，守岛意军大多数是西西里人，害怕作战。班泰雷利亚岛被盟军占领后，西西里人更认定必败无疑。在西西里人中间流行一种观点，认为抵抗越激烈，家乡的破坏就越严重，他们不想抵抗。面对西西里人，古佐尼企图激起他们的斗志，但总是力不从心，只好放弃。

古佐尼的心情越来越沉重，他知道西西里岛的战略地位至关重要，西西里岛是意大利的重要门户，一旦西西里岛沦陷，意大利军队就会土崩瓦解。岛上意军的士气不但没有任何的提高，反而越来越低了。古佐尼看到，要想指挥这支军队击退登陆盟军，那是绝对不可能的。

古佐尼将军不愿意不战而降，决心履行军人的神圣职责。古佐尼把希望都寄托在两个德国师、利沃德师和意大利增援的第十四装甲师上。

古佐尼分析，盟军如在西西里岛登陆，将会在西西里岛东部和南部同时登陆，发动钳形攻势。古佐尼下令，罗兹的德军第十五装甲师部署在西侧，负责抵御盟军在西部的攻势；库兰斯的德军戈林装甲师分成两支部队，较强的一支部署在距离杰拉约 32 公里的内阵，负责对付盟军在西部的攻势，较弱的一支部署在东部，负责坚守卡塔尼亚平原。意军的两个意大利师部署在南岸约 200 公里的正面上，其他兵力驻守在西北部，作为预备队，以应付意外情况。

古佐尼向部队下令，在盟军登陆时，所有的官兵必须抓住有利战机，猛烈地发动反攻，争取把登陆部队赶下海，否则，立即撤回

盟军在西西里岛建立的登陆场

内地与盟军决战。

有一个问题长期困扰着古佐尼——盟军什么时候登陆？自1943年5月份以来，盟军的空军不断地对西西里海峡的岛屿上的机场进行轰炸，盟军占领班泰雷利亚岛以后，每天都可能是盟军的登陆日。由于没有制空权和制海权，古佐尼只能被动挨打。

德意两国守军长期处在高度的戒备状态，神经快崩溃了。

自1943年7月3日起，盟国空军向西西里岛、撒丁岛和亚平宁半岛南部的机场、港口、潜艇基地和工业中心发动大规模的空袭，炸毁很多目标，德意空军部队被迫把基地撤回意大利北部。墨西拿海峡的5艘火车渡轮竟被击沉4艘，西西里岛与意大利的海上补给线多次被切断。当盟军开始登陆时，盟军已经完全取得了制空权和制海权。

★盟军在大风之日登陆西西里岛

1943年7月9日下午，从北非各港口出发的盟军特混舰队分别到达马耳他岛东面和西面的集结海域。海上刮起七级西北风，给盟军的登陆行动带来了困难，登陆艇在汹涌的海浪中摇摇欲坠，连大型运输舰的舰首都经常隐没在海浪中。

盟军官兵们站在运输舰上，一股莫名其妙的恐怖感笼罩全身。晚7时，马耳他岛的风势渐渐缓和。

午夜，进攻的时间快来到了。巴顿将军站在"蒙罗维亚"号的甲板上，向西西里岛望去，他走到全体军官们的面前，大声训话："各位，当前的时间为10日零时1分。我奉命指挥美国第七集团军。这是午夜投入战斗的第一个集团军。你们要为参加这次行动而感到骄傲，你们的手中掌握着美国陆军的光荣和未来。你们值得取得伟大的信任。"

第七集团军起航了，运送他们的是3支海军分舰队。同时，蒙哥马利的第八集团军也起航了。根据预定计划，第七集团军在杰拉方向登陆，第八集团军在锡拉库扎方向登陆。

2000多艘军舰和运输船只，兵分两路，在夜色的笼罩下，在地中海上向西西里岛驶去。

西西里岛十分平静，古佐尼无法准确判断盟军的登陆时间，岛上的守军连夜高度警戒，官兵们已经十分疲劳。这天正好刮起了大风，守军认为盟军今晚不会来了，于是放心地睡着了。

美军第一四三步兵团第三十六步兵师士兵冲上海滩

盟军的指挥失误

1943年7月10日凌晨2时45分,美军和英军分别在杰拉和锡拉库萨地区登陆。英军第五师于当天傍晚攻下锡拉库萨。在诺托湾登陆的英军第三十军也稳住了登陆场。英军第一天占领了宽100公里、深10至15公里的登陆场。

美军并不那么幸运,美军在南部海岸的登陆受到了风和海浪的影响,再加上岸上敌人的顽强抵抗。不过,10日结束时,美军3个师的突击部队仍然登陆了,攻下杰拉和利卡塔,拥有3处各宽15公里、深5公里的登陆场。

岛上的守军没有料到,盟军会在这个鬼天气登陆,使盟军登陆部队占了便宜。

在舰载部队登陆之前,由英美空军部队实施了第二次世界大战中的第一次大规模空降。

正在盟军官兵源源不断地登陆时,为了支援海上登陆而发动的空降作战却很不顺利。在夜间让一大群飞机在自己的舰队上空飞行是危险的,即使事先告诫军舰不许开火也是如此。

空降作战根据"赫斯基"作战计划实施,美国第七集团军和英国第八集团军都在登陆前使用空降兵攻占登陆场,以保证登陆部队成功登陆。

根据"赫斯基"计划,自1943年4月上旬起,参加作战的空降兵部队就在摩洛哥的乌季达地区进行了空降模拟演习。

英国亚历山大将军视察摩洛哥军队

  为了空降成功，1943年6月10日夜晚，盖文上校和两名营长、3名运输指挥官，坐飞机在西西里岛上面进行了侦察。通过细心地侦察，掌握了西西里岛的地形特点。

  1943年6月中旬左右，美国空降兵第八十二师和英国空降兵第一师从突尼斯出发。空降兵部队都到达出发地点后，对伞兵的武器装备和物资装备逐一检查，对物资都过了秤，进行空投试验。

  1943年7月8日傍晚，空降部队准备起飞。这时，天空晴朗，空降兵们士气高昂。

  1943年7月9日晨，空降兵们醒来，风力在逐渐加大。他们忧虑地望着天空，渴望天气的好转。下午，风力达到七级。

就在盖文上校和希克斯将军感到不安的时候，他们同时接到了上级发来的命令："天气会更坏，仍按计划执行。"

18时42分至20时20分，在希克斯将军的率领下，英军空降第一旅2578人，乘坐由运输机编队牵引的137架滑翔机起飞了。

为了不被西西里守军的雷达过早发现，运输机编队低空飞行。由于云层过厚风力太大，飞行员十分紧张，运输机在靠近西西里岛

美军舰队驶向西西里岛

时没有按计划升高，在离海岸还有2700米的海面上低空解缆。137架滑翔机在风中摇摇晃晃，有69架滑翔机坠入海中，10架滑翔机失踪，其他的滑翔机着陆，有的被撞毁，有的远离登陆地点。

只有两架滑翔机在彭德格朗大桥附近着陆，空降兵立即整理队伍，向大桥冲去，歼灭守桥意军，占领了大桥，并且就地构筑工事。10日早晨，近100名空降兵赶到大桥支援。

1943年7月9日20时45分，美军空降兵第一分队3405人乘226架运输机出发了。

运输机在茫茫的夜空中向前飞行。为了防止坠入海中被淹，伞兵们穿上了海上救生衣。机舱外什么都看不到，紧张的气氛充满了每个机舱。伞兵们等待着一场生与死的较量。3个小时的飞行中，因为天气不好，缺乏经验的领航员使运输机编队散乱，远离预定航线，运输机群竟向西西里岛东岸飞去了。

飞近海岸时，伞兵们脱掉救生衣，背起降落伞。运输机群找不到空降场，又飞回海上重新寻找，反复多次，在高射炮火中盘旋1个多小时，8架运输机被击落，13架被击伤，3架返回基地，剩下的飞机于10日零时30分，把伞兵分散空降在20个地点。

美空降兵偏离预定登陆地点最远者达80多公里，空降散布面积很大。

美军空降兵着陆后，被大风刮到房子上和树上撞伤。降落到登陆地的人数不足500名，这些伞兵着陆后，占领丁尼塞米附近的一个十字路口。

盟军突击舰队到达预定登陆点，盟军在夜色的掩护下，第一批8个师在160公里长的海岸线上开始登陆。英军在锡拉库萨以南海岸登陆，美军在杰拉湾登陆。防守海岸的意大利部队忙着逃跑。

离海岸32公里的"赫尔曼·戈林"师在第二天早晨赶到美军第一步兵师的登陆地点杰拉平原，准备歼灭美军。海滩十分拥挤，风浪太大，美军的坦克和大炮还没有运上岸。德军坦克歼灭了美军前哨，冲进沙丘地带。在这危急关头，盟军海军舰炮发射了猛烈的炮火，赶跑了德军坦克。另一支德军部队和一支"虎"式坦克连向美军第四十五师左翼发起的攻击也被粉碎。

美军水兵与海岸警备队员为躲避德军空袭卧倒在地上

在没有遭到反攻的情况下，英军的登陆十分顺利。11日晚，盟军已经拥有纵深5至15公里的两个阵地，并不断向内地推进。这时，阻止西西里岛的27万德意部队逃往意大利，成为盟军重要的任务之一。西西里岛东北角的墨西拿，距离意大利本土只有5公里，是德意部队的唯一退路。

为了占领墨西拿，盟军必须赶在德意部队以前到达墨西拿。英国第八集团军向北进攻，12日攻占锡拉库萨港和奥古斯塔港。蒙哥马利下令从伦蒂尼地区向卡塔尼亚平原进攻，并决定在1943年7月13日晚发动主攻。

蒙哥马利急于攻占的目标是锡美托河上的普利马索莱桥。为此，蒙哥马利派出了1个伞兵旅，与德军空投到后方的1支伞兵部队展开了激战。

由于第一次空降没有完成攻占杰拉东北高地和彭地奥里弗机场的任务，巴顿下令，第二次空降于11日夜晚在法列罗机场附近降落。

★美军空降兵的惊险降落历程

美国伞兵第五〇四团的140架运输机奉命起飞，保持了编队队形。前面的两个小队于1943年11月22时40分，在法列罗机场上空降成功。后续编队在西西里岛沿岸遭到盟军海军舰队和盟军高射炮部队的射击，击落和击伤60架运输机。

巴顿跑到甲板上，看见高射炮正在射击美军运输机，但已经晚了，巴顿悲愤交加。美运输机队形被打乱，8架运输机掉头返航，其他的运输机把伞兵空降在法列罗机场以东地区。12日晨，

第五〇四团的部分空降兵和第五〇五团的空降兵会师后，追上登陆部队一同进攻。

美军和英军这次在西西里岛的空降行动，出现了许多漏洞，但盟军空降部队在西西里岛上进行的空降作战在意大利部队中引起了普遍的恐慌，在瓦解意大利军队的抵抗方面，起到了重要的作用。

13日晚7时20分至22时，英军伞兵2077人和10门加农炮、18辆汽车分乘135架运输机和牵引的19架滑翔机出征了。

这次空降，暴露了英军在空降作战方面指挥不力，装备较差，飞行人员素质较低等弱点。在越海飞行时，有2架运输机出现故障后返航。机群通过马耳他岛上空后，又有25架迷路后返回基地。剩下的运输机在飞过盟军舰队上空时，误被盟军舰队高射炮射击。运输机到达西西里岛上空时，德军高射炮也疯狂射击。英军运输机先后被击落14架。滑翔机被击落4架，着陆时撞毁3架，4架被德军地面部队击毁，1架在海上解缆后坠入大海，只剩4架滑翔机降落在指定点。

空降过程险象环生，但空降兵们的素质很好。空降兵们向分散的同伴发出讯号。14日凌晨1时，有100多人会合了。这支空降兵部队向卜利马索尔大桥冲去，半路上与50名空降兵会合，于4时进攻大桥。

盟军在西西里岛的空降作战，是第二次世界大战开战以来盟军发动的规模最大的空降作战。盟军在西西里岛一共出动了9816名空降兵、642架运输机、156架滑翔机。人员伤亡高达1500多人，占空降人数的15%以上。

美军炮兵登陆西西里岛作战

这时，古佐尼确定了英军的主攻方面，立即下令德军向卜利马索尔大桥增援，尽量阻止英军向卡塔尼亚前进。

美军第四十五师首次参战，登陆后陷入了混乱，但也向岛上推进了8公里，并继续推进。在英军的攻势面前，意大利军队不堪一击，陷入混乱。有些意大利军人简直窝囊透顶，几乎没有抵抗就投降了。

真正的战斗还在后面，就在盟军的空降兵和登陆部队在西西里岛东部和南部发动空降作战和登陆战时，身经百战的古佐尼被突然惊醒了。他立即稳定了情绪，自东部和南部来的敌情越来越多，摆在古佐尼面前的难题太多了，怎样稳住防线？怎样阻止盟军向纵深推进？怎样发动反攻，把盟军赶下海？怎样歼灭空降的美军？等等。

古佐尼沉思片刻，决定在现在一切战局还不非常明朗的情况下，首先动用空军对盟军的登陆部队发动空袭，打乱盟军的登陆计划，迟滞盟军的进攻速度，这种空袭可以多次运用，连续进行。

古佐尼知道岛上的空军共有350架飞机，有作战能力的还剩209架，分别部署在12个机场上，这是一股不可小视的力量，而且意大利本土飞机也会前来参战。古佐尼命令德意空军部队立即出击。

被德军炮弹击中的美军巡洋舰冒出浓烟

虽然，盟军夺取了制空权，但并不意味着就给盟军撑起了保护伞，制空权是相对的，这给德意飞行员增强了很多信心。

1943年7月10日凌晨，天刚亮，德意空军的进攻就开始了。意机5次空袭在防御薄弱的海岸附近停泊的"莫拉"登陆突击队的舰船编队，炸沉了"哨兵"号猎潜舰。4时30分，来自意大利本土的13架高空水平轰炸机和来自撒丁岛的一支鱼雷飞机中队，共同攻击了在伍德霍尔地区登陆的盟军，炸伤"蒂尔曼"驱逐舰。

5时左右，1架德国轰炸机在西西里岛南侧炸沉一艘在该海域巡逻的"马多克斯"号驱逐舰，炸伤了"游行者"号潜艇。

为了增强突击力量，驻守在意大利本土的德意飞机不断地来到西西里岛。德意飞机的作战半径都很小，都是首先飞到撒丁岛，在撒丁岛加油后，再去轰炸盟军的登陆舰艇。

上午8时30分，从盟军的巡洋舰上弹射起飞的4架"海鸥"式水上飞机，以两个双机编队的形式，在执行警戒任务。忽然，德军战斗机赶来，很快，3架英机被击落。10时左右，3架德军战斗机对正在架设浮桥码头的盟军坦克登陆舰发动轰炸，但没有命中。

德军轰炸机还向杰拉附近的盟军护航运输队和海滩上的登陆部队进行轰炸和扫射，炸伤一艘驱逐舰，迟缓了美军第七集团军的登陆时间。

黄昏，一架德军战斗机击毁一艘盟军的坦克登陆舰。傍晚，一架德军战斗机从太阳方向低空飞行，快速冲向一艘满载车辆、火炮、弹药和地雷的坦克登陆舰。一颗航空炸弹落在甲板上爆炸，引起了更大的爆炸，炸毁了火炮和车辆。

德意空军发动了更加猛烈的攻击，他们的攻击行动一轮紧跟

图说 二战战役 西西里大反攻

英军登陆西西里岛

一轮。

  1943年7月11日6时35分，12架意军轰炸机从撒丁岛起飞空袭盟军海上运输队。炸伤一艘运输舰，并使运输舰起火。中午，炸沉一艘盟军的军火船。15时40分，20多架德军轰炸机猛烈轰炸盟军运输舰，击沉一艘运输舰。傍晚，德机炸伤一艘在阿沃拉附近海域刚完成任务的运输舰。

面对德意空军的大规模空袭,盟军官兵们大声呼唤:"我们的空军'老爷'哪去了?"

盟军空军认为,既然已经掌握了制空权,就不用保护登陆部队和海上舰队了。在这种战术思想的支配下,空军主要对登陆部队进行远距离的空中支援。这种做法导致盟军的登陆部队和海上舰队失去了空中支援。

在登陆舰队需要空军支援的时候,由于准备不足和引导有误,盟军的战斗机没有到达指定地域或者海域。

一次,一支有32架德机的机群飞抵盟军的登陆运输舰群上空,大肆空袭。另外一次,盟军空军出动战斗机在登陆运输舰群上空警戒,但战斗机一般只有4至8架,无法完成警戒任务。

盟军空军的错误战术,给德意空军带来了战机。盟军舰船受到德意飞机的狂轰滥炸,损失很大。

1943年7月12日,盟军空军加强了对南部和东部登陆部队的空中支援。12日9时30分,南部盟军战斗机和高炮部队打退了敌机的空袭。

由于空中袭击的难度愈来愈大,德意空军只能集中兵力,发动重点进攻,才能收到理想的效果。因此,德意空军放弃南部美军的登陆部队,集中攻击东部英军的登陆部队。

1943年7月13日以后,德意轰炸机多次从意大利南部各机场起飞,对英军登陆部队还没有卸完的舰船发动空袭。炸沉了1艘驱逐舰和3艘运输船。

在西西里战役的大规模战斗中,德意空军的战绩不俗,但无法

图说 二战战役 西西里大反攻

美军士兵登陆西西里岛并向内陆地区行进

挽救德意军队在陆地战场上节节败退的局面。

西西里岛的形势逐渐恶化，希特勒立刻通过凯塞林进行遥控，德军的抵抗立即加强了。

开始时，希特勒想把盟军赶走，可是由于战局不利，希特勒决心把作战重点向东转移，以墨西拿为中心重点设防，在西西里岛西北部建立一个阵地，以便在形势无法逆转时，保证德军和意军安全地向意大利撤退。

这一防线是由赫布控制的，主要的防线是从卡塔尼亚经卡泰纳诺瓦和尼科西亚到达东北海岸的圣斯特凡诺，还有两条是确保墨西拿稳定的预备防线。

由于盟军的指挥失误，西西里战役变得越来越困难了。

蒙哥马利攻占卡塔尼亚的目的无法实现。为了实现英军在西西里岛战役中唱主角的愿望，蒙哥马利决定把进攻的重点向左移。这样做等于把美军用作一种翼侧护卫部队。蒙哥马利完全不顾巴顿的利益了。

最后的墨西拿海峡

埃特纳火山由群山和丘陵组成，矗立在卡塔尼亚平原的北面。埃特纳火山位于西西里岛的东南角。若想从南面或者西面接近和攻占墨西拿，必须经过埃特纳。

从地图上看，这一点是非常清楚的，但具体的作战计划中没有把登陆成功后，英美军队怎样到达墨西拿的计划说清楚。

1943年7月12日，蒙哥马利给亚历山大发报说："我建议让我军向北移动，以便把西西里岛拦腰截断。"亚历山大同意了。

当巴顿正因为蒙哥马利把美军排斥在主攻行动之外而生气时，蒙哥马利又来"争功"了，蒙哥马利认为，在断裂多山、地形状况不利的情况下，应该让英军优先使用可供使用的道路。可供盟军使用的公路只有两条，一条114号公路，另一条是124号公路。根据作战计划，114号公路归英军，124号公路归美军。但蒙哥马利准备抢用124号公路。他想通过124号公路迂回攻打驻守在卡塔尼亚平原上的德军。

为了抢占这条公路，13日上午，蒙哥马利在没有经过亚历山大许可的情况下，命令英军顺着124号公路偷偷挺进。正在这时，美军第二军军长布莱德雷将军刚要使用124号公路。当天傍晚，美军发现了英军第五十一高地师。

达到目的后，蒙哥马利才把这一情况上报给亚历山大。当天午夜，亚历山大下达命令，要求美第二军把124号公路移交给蒙

装备了谢尔曼坦克的盟军装甲军团整装待发

哥马利。

布莱德雷将军的美第二军离124号公路不足1公里了。在制定西西里战役时，美军被当成新军，没有在战役中担任主攻任务。这时，亚历山大又把美军派去保护英军的后方，让英军优先使用公路。

英军抢占124号公路时，趾高气扬，没想到，重新修改的作战计划仍没有给蒙哥马利带来好运。

根据亚历山大的命令，美军被迫撤回滩头阵地，这种浪费时间的作战计划，使德意军队有了足够的时间来组织防御力量。当天，希特勒下令增援西西里岛，阻挡盟军的攻势，坚守圣斯特风诺－恩纳－卡塔尼亚防线。

蒙哥马利为了把主力部队转移到美军的前面，至少浪费了两天时间。德军利用盟军的混乱，完善了防线的部署。一道阻击蒙哥马利的防线建成了。

德军严阵以待，而盟军错失了良机。蒙哥马利的计划刚一出台就遭到了迎头一击。

德军南线总司令凯塞林空军元帅伤心地看到，意大利人完全丧失了斗志，在敌众我寡的情况下，守住西西里岛是不可能的。希特勒知道后，亲自接管了西西里岛的指挥权，并下令："在大批意军被消灭后，只靠我军把敌军赶下海是不可能的。因此，我们应该迟滞敌军的进展。"

为了迟滞盟军，希特勒向西西里增援了一些部队和坦克、重炮和飞机，把西西里岛的主力部队调到东岸中部的卡塔。并在尼亚城周围抵抗英军的进攻，同时德军后备部队布满直通墨西拿的东海岸路线上，积极支援作战，以坚守西西里岛通向墨西拿海峡的道路。

1943年7月16日，亚历山大给巴顿下令，墨西拿是蒙哥马利的目标，巴顿的任务是保护蒙哥马利的侧翼和后方，使蒙哥马利在任何情况下都不出现危险。巴顿气得暴跳如雷，但他不得不考虑下一步究竟该怎么办。

布莱德雷生气地说："这证实了我在战役前的疑虑，只有英军才被允许进攻墨西拿。"

按照亚历山大的命令，美军只能进攻岛上力量较弱的敌军，占领一些小山，俘虏一些当地农民和无精打采的意大利军队士兵。亚历山大的命令极大地伤害了美军官兵的自尊心。

在亚历山大的支持下，蒙哥马利从巴顿手中抢走了宝贵的公路，以便趾高气扬地进攻墨西拿，还不准许美国向巴勒莫推进。

后来，巴顿与蒙哥马利一起谈论这件事，巴顿抱怨他受到了不公正的待遇。蒙哥马利笑着说："乔治，我给你出一个主意。如果亚历山大将军给你下达了你不喜欢的命令，那么你别理它。"蒙哥马利竟会说出这样的话，巴顿感到惊讶。

亚历山大和蒙哥马利的做法，引起了美国军界的反感。美国军界认为，英军将获得一等奖——墨西拿，而美国人却连二等奖（巴勒莫）也不准夺取。

1943年7月17日，希特勒下达了命令："我们不指望能守住西西里岛。只求能拖延敌军，以为稳定欧洲大陆的局势争取时间。"

美国陆军五星上将奥马尔·纳尔逊·布莱德雷

最重要的是不能让一个德国师遭受损失。"不久，德军又得到第二十九装甲榴弹师和休伯将军的第十四装甲军司令部的支援，德军的任务不是保卫西西里岛，而是发动阻击战，保障主力部队撤退。

因此希特勒出动德军精锐部队在埃特纳地区阻击英军，德军其他部队向北面和东面撤退，退守墨西拿海峡。

德军在卡塔尼亚南部平原顽强阻击，英军的攻势严重受阻。英军主力被迫向西转移，兵分两路发动攻击：英第十三军攻打卡塔尼

美军第八十二空降师师长李奇微（左）与一名通信兵一起观察前方地形

亚，第三十军从西绕过埃特纳火山发动进攻。亚历山大命令美军第七集团军掩护英军的翼侧，可是，英军主力的向西转移，再次挡住了美军的前进步伐。

由于英军行动迟缓，德军占据了有利地势，凭险固守。蒙哥马利发现，英军第十三军沿 11 号公路向北推进，尽管通过了卡利马索尔大桥，但在卡塔尼亚以南遭到德军的疯狂阻击，英第三十军沿 124 号公路迂回进攻，但由于德军凭险固守，在阿诺拉地区无法前进。

为了取得胜利，1943 年 7 月 21 日，英第十三军在卡塔尼亚转入防御；第三十军发动进攻，争取摧毁德军防线，摆脱不利的局面。英第三十军的进攻遭到惨败，伤亡很大。蒙哥马利下令把第七十八师从北非调到西西里岛，以增援第三十军继续作战，但第七十八师最早也要到月底才能赶到。

英军停止了进攻，德军趁机加固防御工事，调兵加强了防线，使防线更加坚固。巴顿笑着给海军的埃弗雷特·休斯将军写了一张便函："咱们的表兄弟们被打得屁滚尿流。"

就在蒙哥马利在德军的防线面前无计可施的时候，巴顿认为如果让美军去攻打巴勒莫，美军一定能攻下，一旦成功整个战局会有利于盟军。巴顿决定亲自去向亚历山大请战，进攻巴勒莫。

巴顿乘飞机来到北非，决心说服亚历山大。巴顿看到亚历山大后说："将军，由于战局的变化，我请求你把命令改为：第七集团军立即向西北和北面挺进，进攻巴勒莫，并将德军一分为二。"由于蒙哥马利的攻势受阻，亚历山大迫于无奈，只好批准了巴顿的请缨。

巴顿马上飞回战场，重新进行了军事部署。接着，巴顿下令：第三步兵师、第八十二空降师和第二装甲师改组成一个军，由凯斯指挥，攻取巴勒莫，第四十五步兵师向北发动进攻，负责占领海岸公路，与蒙哥马利的英军保持同步。巴顿下令在5天内攻下巴勒莫。

1943年7月19日，巴顿正式下达总攻命令。美军快速向前挺进。21日，美军攻占卡斯特尔维特拉诺。22日，美军赶到巴勒莫城下。巴勒莫守军不敢相信，在这么热的夏天，道路很难走，而且有沿途守军的抵抗，美军竟在4天时间内前进了320公里。美军以迅雷不及掩耳之势进攻巴勒莫，使守军来不及组织抵抗，纷纷投降。

同一天，英军左翼发动的进攻遭到惨败。正是由于英军，才把德意军队的主力吸引到东部，给美军在西部地区的作战创造了有利条件。但是这个效果可不是出自英军的善意。

1943年7月22日，美军占领巴勒莫港，意军吓破了胆，约4.5万人举起了双手。美军的胜利严重地挫伤了德意军队的士气，德意军队仅剩墨西拿港了。

当天，巴顿随第二装甲师趾高气扬地进入巴勒莫，在豪华的王宫里建立司令部。

1943年7月23日，美军第四十五步兵师攻入泰索米尼至梅雷塞以东海岸地带，把西西里岛拦腰切断。这给美军带来了很高的荣誉。美军第四十五步兵师只伤亡300多人，却俘虏5.3万名意军，击落190架敌机，缴获67门火炮，缴获了来不及逃走的大部分船只。

1943年7月25日，墨索里尼被赶下台，原来就不积极抵抗的意军更是成批地投降。德军被迫依靠少数兵力抵御优势敌军。同时，亚历山大命令巴顿自西向东进攻。巴顿欣喜若狂，他呼吁美军抢在英军之前拿下墨西拿。巴顿把这个重任交给第二军军长布莱德雷将军。

这样，形势对蒙哥马利出现了讽刺性变化，西路巴顿的作用从助攻变成了主攻。

1943年7月27日，凯塞林命令赫布尽快撤离西西里岛。

当日，向东推进的美军攻占了圣斯特凡诺和尼科西亚。

同时，英军在东、西两侧的攻势减弱，英军大部分染上了疟疾，战斗力下降。美军主力占领巴勒莫后于1943年7月31日赶到圣斯蒂法诺，与英军会合。主攻任务由巴顿的美军担负。为了切断德意军队的退路，亚历山大决定在1943年8月1日发动攻势，并从北非调来美军第九师和英军第七十八师。

1943年8月初，各路盟军发动进攻，巴顿的美军在左翼，英军第三十军在中央，英军第十三军在右翼。盟军争抢着进攻西西里岛的东北角——墨西拿。

西西里岛东北部主要是山区，悬崖峭壁很多，稍平一些的地方是崎岖的山路。德意军队撤退时炸断了桥梁和道路，埋设了几万枚地雷。

德意军队每后退一步，兵力就集中一些，德意军队节节阻击的过程中，在一些险要地段部署少量兵力就能够抵抗好长时间。由于战场日益缩小，盟军无法展开兵力，结果，盟军每进一步，都会付出惨重的代价。

1943年8月5日，英军攻势迅猛。第十三军占领卡塔尼亚，英

巴顿将军（左一）在巴勒莫王宫与先头部队指挥官握手并祝贺对方行动成功

军先头部队到达埃特纳火山与海岸之间的狭长地带,英第三十军到达火山西北侧的丘陵地带。可是,英军第三十军的后勤部队跟不上去了,第十三军的很多官兵得了疟疾,部队减员严重。蒙哥马利呼吁全体将士坚持到最后,一定要抢在美军前面攻下墨西拿。

在美军方面,巴顿命令第二军不停地进攻,可是,西西里北部沿岸地区悬崖林立,地形十分复杂。德军凭借丰富的山地作战经验和有利的地势,向美军多次发动了反击。德军在特罗英纳向美军发动了24次反击,给美军造成了巨大的压力。

美军进展缓慢,部队伤亡很大。就在巴顿心里很烦躁时,美军航空兵前来支援作战,却多次误击美军地面部队。有一次,巴顿等人竟差一点被美机炸死。

1943年8月7日至8月16日,仅12日盟军就发动4次进攻,企图加速进攻,堵住撤退的德意军队。由于德军顽强阻击,盟军没有取得预期效果。用稍大一些的舰船来救出西西里岛上的德意部队,成为绝不可能的事情。意大利海军做过几次尝试,都以沉没而告终。意大利海军在墨西拿海峡集中了许多小型舰船,让它们不断地在盟军的空袭下活动。

盟军竭尽全力从陆海空三面来阻止德意军队的撤退,但许多小型的意大利舰船,在少数德舰协助下,把岛上的军队和装备撤回意大利本土。在连续不断的轰炸下,意大利水兵不断操纵小舰艇,用少数防空武器不断地发射。

就其航渡的次数和所遭受的空袭,德意军队从西西里撤退比起英军从敦刻尔克的撤退所冒的风险还要大。

1943年8月16日,墨西拿港处于盟军轰炸机不断轰炸之下,而德意部队的装备则已经付之一炬,许多意大利小船仍坚持把留在岛上的意德官兵运送出去。在撤退过程中,没有一只小船逃过盟军的轰炸。

至 1943 年 8 月 17 日,德意部队的主力 10 万人越过墨西拿海峡回到意大利。其中,德军 3 个师近 4 万人,意军 6 万人。

1943 年 8 月 17 日晨,美军第三师抢先攻入墨西拿。英国一部也进入墨西拿。当天,盟军歼灭了岛上的残余德意部队。西西里战役,德军损失 1.2 万人,14 万多名意军缴械投降。盟军损失 2.2 万多人。

西西里战役是历史上最大的突袭战,其规模远远超过诺曼底登陆战。盟军实现了西西里战役的大部分目标,没有取得全部胜利,但使盟军在地中海的交通线得到了保障。西西里战役的胜利,提高了同盟国在中立国中的威信。由于亚历山大指挥不利,再加上没有充分利用制空权和制海权,致使近 4 万精锐德军逃脱。

征服西西里岛以后,巴顿的"打耳光"事件传遍了美国第七集团军,引起了美军官兵的普遍不满。

★巴顿的"打耳光"事件

1943 年 8 月 10 日,正在前线巡视的巴顿来到阵地医院慰问伤病员。在这些受伤的士兵中间,一个既无绷带又无夹板的士兵引起了巴顿的注意。他询问士兵受了什么伤。士兵回答道:"我的神经有病"。巴顿的暴躁脾气促使他立即打了这个士兵一记耳光,呵斥道:"我的部队里不允许有胆小鬼,你立刻回到战场上杀敌,否则交由行刑队枪毙!你根本不配和这些战斗英雄住在一起!"

巴顿做梦也没想到，这轻率的一记耳光，险些断送了他辉煌的前程，并使他的事业蒙上了浓重的阴影。

那位被医生诊断为患有忧郁型神经官能症的士兵的挨打事件，被视为巴顿严重违犯军规，在军内外引起轩然大波。在国会里，一些议员义愤填膺地指责巴顿侵犯人权。一位议员甚至要求将巴顿撤下来调到西海岸的日本人收容中心去。他认为，让这位粗暴的将军在那里打"小日本"的耳光，那才算得上"人尽其才"。

在艾森豪威尔的袒护下，巴顿向在场的所有护士、医生道歉，向在场的每一位找得到的伤病员道歉，最后向第七集团军，一个部队一个部队地道歉。

然而，美国记者们纷纷像苍蝇一样围着巴顿采访，几乎葬送了他的前程。

1943年11月24日，艾森豪威尔向华盛顿就"打耳光"事件为巴顿求助。1943年12月3日，陆军参谋长马歇尔求助于史汀生部长。史汀生向罗斯福总统指出："保留巴顿的指挥职务符合美国的最高利益。"

罗斯福无奈地说："这件缺德事公开了，我可就要挨骂了。"最后只好由史汀生出面为巴顿辩护，结果遭到了美国人民的责骂。

随后的日子中，意大利战役打得激烈，横渡英吉利海峡的"霸王"计划正在紧张地筹备之中，但巴顿好像变成了局外人，住在寂寞的巴勒莫王宫里，百无聊赖，身边是一群无所事事的参谋们。

就在巴顿因"打耳光"事件而离开战场的短暂时间里，世界反法西斯战争经历了重大的变故。在苏德战场、地中海战场和太平洋战场上，反法西斯同盟国都取得了重大胜利，战争的主动权完全掌握在同盟国手里。

　　这时，德国和日本仍拒不投降。苏联迫切希望美英早日在西欧开辟第二战场，迫使德军在东西两面作战，加速其灭亡。美英两国领导人也意识到，重返欧陆的时机已经成熟了。

第二章 兵指西西里

埃及抵抗运动成员惩治德国和当地的纳粹分子

图说 二战战役 西西里大反攻

被埃塞俄比亚军队俘虏的意军装甲部队

参与第一拨攻击克里特岛的水陆两用坦克正在迫近该岛滩头

第二章 兵指西西里

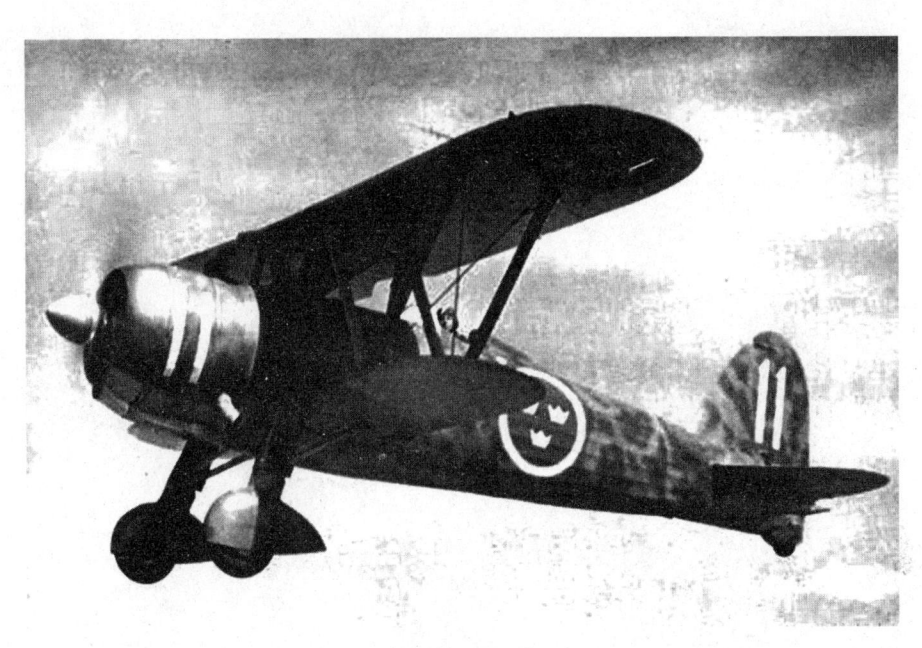

意大利双翼飞机

克里特岛的意大利守军向盟军投降

第三章
意大利危机

墨索里尼下台

西西里战役结束后，盟国对下一步的战略行动尚未达成一致意见。是渡过墨西拿海峡进攻意大利的趾形地区，还是进攻在踵形地区的塔兰托港？是从意大利的萨勒诺湾登陆进攻那不勒斯港，还是进攻撒丁岛？

丘吉尔强烈主张乘胜进攻罗马。这就是说，在意大利尽量向北进攻，占领意大利后再向巴尔干半岛进攻；而罗斯福则主张尽快横渡英吉利海峡，开辟欧洲第二战场。就在下一步战略行动问题争论得非常激烈时，意大利政府突然于1943年7月25日垮台了。

原来，盟军在地中海战场的步步逼近，导致了意大利人四分五裂，动摇了墨索里尼的统治基础。连续3年的惨败，使意大利的经济濒临崩溃。英国对地中海的长期封锁，使意大利进口的粮食越来越少，意大利的面包定量每人每天为150克，咖啡、汽油和肥皂等生活用品也十分缺乏。意大利人民的反政府情绪高涨，反法西斯和反战活动多次发生。

1943年3月，米兰和都灵13万工人举行了大规模罢工，要求意大利向盟国求和，退出战争。伦巴第和热那亚的工人纷纷加入罢工的潮流。这次大罢工使军工生产停顿，墨索里尼政权危在旦夕。

在意大利法西斯集团内部，很多人对墨索里尼的独裁统治表示不满。齐亚诺等人于1942年底竟向盟国求和，企图摆脱战争。1943年2月，墨索里尼改组了内阁，撤掉齐亚诺和格兰迪的职务，但更激起了意大利军政要员对他的不满。

在盟军强大的攻势和国内政治经济危机的夹击下,墨索里尼决定用收缩战线的办法应付局势。1943年4月7日,墨索里尼和希特勒举行会谈,墨索里尼要求德国向苏联求和,抽出兵力支援意大利战场,这个建议遭到希特勒的反对。

由于墨索里尼和希特勒在巴尔干半岛问题上的矛盾激化,墨索里尼开始在阿尔卑斯边境修筑防御德军的工事。希特勒最担心的是德意关系的恶化,这将对德国造成巨大的损害。希特勒为了防止墨索里尼退出战争,加强了对意大利的控制,把大批德军调到意大

意大利罗马市内的台伯河东岸

利。希特勒就这一军事行动作了充分的解释，但仍引起意大利军政要员的疑心。

而意大利人的疑心，反过来增加了希特勒对意大利的担忧。5月中旬，希特勒秘密制定了攻占意大利的"轴心"计划。

意大利总参谋长安布罗西奥将军和宫廷大臣阿奎罗纳公爵都是国王的心腹。他们希望推翻墨索里尼政府，结束法西斯党的独裁。然而，墨索里尼依然迷恋政治舞台，仿佛他永远是意大利的主角。

当安布罗西奥建议马上从巴尔干半岛撤回意军时，墨索里尼感到受了侮辱。他认为那些意军是对德国在欧洲的补充力量。他并不知道，由于连续的惨败使得国内民心涣散，他已经失去了作为统治者的威信。

墨索里尼拒绝了安布罗西奥从巴尔干撤军的请求。由于人们对墨索里尼及法西斯党专政的畏惧是根深蒂固的，对怎样把墨索里尼赶下台的问题，意大利上层长期犹豫不决。谁肯冒险"把项圈挂在一只凶猛的野兽脖子上"呢？

随着西西里岛的沦陷，墨索里尼统治的末日来临了。意大利人民背叛他，法西斯统治集团内部的一些最亲信的追随者背叛他，他的女婿齐亚诺背叛他，幕后，连国王也背叛他。代表广泛阶层的很多军政人物都在策划推翻墨索里尼。

盟军空袭罗马和其他重要港口城市后，意大利政局更加动荡，很多城市发生暴动，民众生活十分困难。为了进一步孤立法西斯政府，1943年7月17日，盟国出动大批飞机在罗马和意大利其他大城市的上空，大量散发罗斯福和丘吉尔联名致意大利人民的《文告》：

"在目前这个非常时期,美国和英国的联合部队,在艾森豪威尔和亚历山大的指挥下,正把战争推进到你们的国土。这是墨索里尼的独裁政府迫使你们接受可耻的领导所带来的灾难性后果。墨索里尼领导你们成为一个残杀各国人民的国家,挑起了这场战争。尽管意大利容易受到来自空中和海上的打击,但墨索里尼仍然把陆军、海军和空军派往遥远的海外战场,帮助希特勒实现征服全世界

美军将车辆和物资卸在西西里岛的沙滩上

的阴谋。墨索里尼与希特勒狼狈为奸，这与意大利在自由与文化方面的良好传统是极不相称的。英美两国人民与意大利人民有着十分深厚的渊源关系。你们的兄弟姐妹不是为了意大利而战，而是为了德国而战。你们的兄弟姐妹在苏联前线以及整个非洲战场上，都被希特勒出卖和遗弃了。今天，德国征服全世界的幻想破灭了。意大利的天空被英国和美国控制；意大利的海岸被英国和美国海军控制。现在，你们所对抗的力量是世界上最强大的英国和美国。盟国誓死摧毁纳粹德国的势力，摧毁法西斯党的势力。为了意大利的生存希望，你们应该选择体面的投降。如果你们继续为邪恶势力服务，一定会遭到你们自己的选择所带来的灾难性后果。尽管盟国并不想进攻意大利的领土，不想使意大利人民遭受战火的摧残；但是，我们坚决要摧毁墨索里尼和法西斯主义。你们抵抗盟军的每一分钟，你们流的每一滴血，只会达到一个目的：给墨索里尼和法西斯党更多一点统治时间。你们的所有利益，你们的所有传统，都被希特勒和墨索里尼当作了赌注而输掉了；只有推翻独裁政府以后，建立民主的意大利，你们才能在欧洲国家的大家庭中重新获得受人尊敬的地位。现在，由你们考虑自己的自尊，考虑自己的利益，以及恢复意大利的尊严、安全与和平的时刻已经来到了。盟国给你们一个机会：意大利人到底是继续为墨索里尼和希特勒而战，还是为意大利的未来求得生存。"

这篇《文告》如同一声惊雷，在整个意大利引起了巨大的震动。意大利人的罢工和游行示威活动层出不穷，墨索里尼就像坐在火山上一样。两天后，墨索里尼在安布罗西奥将军的陪同下，乘飞机急忙飞往里米尼附近的费尔特雷，在一个别墅中迎接远道而来的希特勒。

那里有一个很美的公园，树荫蔽日，令人感到凉爽；别墅建得像迷宫一样，给人们以神秘的感觉，很像一个由纵横字谜建成的房子。在动乱期间，墨索里尼竭力款待希特勒。希特勒在这里至少访问两天。

双方的会见像往常一样，显得非常热情，但双方的随从人员和高级军官们的态度却是冷冰冰的。希特勒不管对方的情绪好坏，总是不停地吹嘘，努力为墨索里尼增强信心。希特勒说，准备用来毁灭英国的新式武器估计在冬季就能使用了。

希特勒劝墨索里尼，意大利必须自己抵抗盟军，因为德国在苏联前线承受的压力太大，对于意大利要求增援的部队和装备难以提

部分参与西西里岛战役的意军士兵合影

供。墨索里尼一听心里就凉了半截，希特勒所说的冬季要提供的新式武器显然是骗人的鬼话，他怎能熬到冬天呢？

安布罗西奥敦促墨索里尼告诉希特勒，意大利已经无法再战。然而，墨索里尼坚决不肯退出战争。从此，安布罗西奥和其他意大利将领下定决心推翻墨索里尼。

就在会谈进行时，一个神色慌张的意大利军官跑进别墅报告说："罗马又遭到盟军的猛烈轰炸。"这时，德国方面也传来不好的消息，希特勒急得像热锅上的蚂蚁，不顾墨索里尼的盛情挽留，于当天下午就离开了。

这次会谈，对墨索里尼来说没有任何意义。

当墨索里尼回到罗马时心情很不好，他的飞机降落在一大片浓密的黑烟中，黑烟是利特里奥火车站正在燃烧的几百辆客车引起的。墨索里尼进入王宫，看到国王愁眉不展，神情紧张。国王维克多·埃曼努尔劝道："我们不能再打下去了，西西里岛已经被盟军占领，他们下一步很可能会进攻罗马。德国人抛弃了我们，我们的军队纪律更加松懈了。"但墨索里尼坚决反对。

7月19日，美军第十九航空队的500多架轰炸机轰炸罗马。投弹1000吨，炸死2000多人，圣洛伦佐皇宫遭到巨大破坏。

战争威胁日益迫近，意大利人民、意大利的内外反对派不能再等了。这时，法西斯政府前外长狄诺·格兰第赶到罗马，他与同谋者串联后准备在法西斯党的大委员会上担任领导职务。7月22日，格兰第拜见墨索里尼，请求召开法西斯党最高委员会——大委员会。二战爆发以后，大委员会始终没有召开过会议，它成了只听命于墨索里尼的名义机构。在大多数委员的不断要求下，墨索里尼同意召开大委员会会议。

为了保证会议的顺利召开，防止受到法西斯暴徒的骚扰，意大利警察总监秘密把墨索里尼的私人卫队——枪兵团调离威尼斯宫。

德军士兵将 88 毫米高射炮布设在西西里岛

威尼斯宫布满了军警。

7月23日，在大会上，墨索里尼首先说明了当前的紧张局势："……战争往往是一个党的战争，同时也往往是一个人的战争，是宣战的那个领袖所发动的战争。我把今天的战争称为墨索里尼的战争，而1859年的战争就是加富尔的战争。现在是加强领袖权力的必要时候了，当意大利的领土完整受到侵犯时，我想以意大利的名义，可以毫无困难地调动一切尚未使用的力量。"

随后法西斯党的党员们开始讨论，狄诺·格兰第提出一项决议案，要求恢复国王的权力，并请求国王出来承担他的责任。

墨索里尼心情很激动，称格兰第发表了一篇"猛烈抨击的演说"，认为这是"一个久怀怨恨的人发泄积愤的演说。"此时，齐亚诺对格兰第的决议案给予了坚决的支持。每个党员都参与了辩论，辩论一直持续到午夜。法西斯党的常务书记斯科尔扎提议休会，明天再开会。

格兰第站了起来，大喊："不行！我们已经开始了这场辩论，必须把会开完！"

7月24日凌晨2时，党员们开始投票表决。一群党员支持国王，另一群党员是国王的合谋者，剩下的党员是不明真相的人，他们也投票了。结果，会议通过了格兰第的决议案，否决了墨索里尼的独裁地位。

气急败坏的墨索里尼站起来威胁说："是你们自己造成了政权危机，你们要承担后果！"墨索里尼离开时，法西斯党书记斯科尔扎向他致敬时，墨索里尼制止道："不用了，我原谅你了。"

第三章　意大利危机

罗马最早的文艺复兴建筑之一，意大利威尼斯宫（左侧）

★墨索里尼被捕

7月24日凌晨3时，一场抓捕墨索里尼的计划正在加紧进行。阿奎罗纳和安布罗西奥负责执行抓捕任务。他们接管了电话局、警察局和内政部，出动军警在王室别墅和威尼斯宫附近隐蔽起来。

7月25日，天空晴朗。上午，墨索里尼在威尼斯宫的办公室里工作，巡视了罗马几个被轰炸地区。后来，他请求觐见国王，想让国王支持他。下午5时，国王同意接见他。墨索里尼走进国王的宫门时，心中没有任何不祥的预兆。

国王穿着统帅制服，站在寓所门口。国王和墨索里尼走进客厅，国王说："亲爱的领袖，局势不妙。意大利已经快崩溃了。官兵们都不想再打下去……大委员会的表决太可怕了——竟有那么多人赞成格兰第的决议案……此时，你成了意大利最痛恨的人。你能够依靠的朋友只剩下一个，而这个朋友就是我。我想告诉你，你用不着担心安全，我负责保护你。你的职位由巴多格里奥元帅继任。"

墨索里尼顿时呆若木鸡，连国王也背叛了他。几分钟后，墨索里尼跌跌撞撞地走出宫门，向附近的黑色专车走去。王宫卫队长拦住了他，说："国王命令我保护你，请跟我来。"墨索里尼被带上一辆涂着红十字的白色救护车。里面坐着荷枪实弹的卫兵。

就这样，不可一世的"恺撒大帝"成了阶下囚。墨索里尼被逮捕后，监禁在马达莱纳岛。

7月25日晚上10时45分，意大利电台发表广播："国王批准了政府总理贝尼托·墨索里尼阁下的辞职，任命巴多格里奥元帅为新总理。"意大利人冲向街头，呼吁尽快结束战争。

7月26日，新首相巴多格里奥组成新内阁，瓜里利亚出任外交大臣。意大利政府解散法西斯党，宣布全国进入紧急状态，禁止政治集会。这样，长达21年的意大利法西斯统治结束了。

墨索里尼垮台后，远在柏林的希特勒震惊得目瞪口呆。他自然能想到，在罗马发生的政变开创了可怕的先例，这种危险使他感到不安。本来，他在费尔特雷与墨索里尼会晤后，还相信意大利会继续战斗。

7月29日是墨索里尼的60岁生日，希特勒原本准备派戈林赴罗马进行正式访问，并庆祝墨索里尼的60大寿。然而，墨索里尼却垮台了。希特勒连夜召集心腹们开会，会议决定采取一切措施，营救墨索里尼，进攻罗马，并尽量支援垮台的意大利法西斯党；如果意大利与盟国签署了停战条约，德国必须制定下一步的行动计划，以便解除意海军的武装，占领意大利所有的要塞，威慑在巴尔干半岛和爱琴海作战的意军。

德国总参谋部的效率很高，很快制定出行动方案：

1."轴心"计划：德军接管或摧毁意大利舰队。

2."黑色"计划：德军占领意大利，解除意军武装。

3."司图登特"计划：由德军伞兵部队的库特·司徒登特将军指挥伞兵占领罗马，并配合"橡树"计划恢复墨索里尼的领导

意大利新首相巴多格里奥组成新内阁，对纳粹德国宣战。一个月后，意大利军队投降。图为巴多格里奥检阅军队

地位。

4."橡树"计划：组建特种突击队，营救墨索里尼。

希特勒命令德军抢占意德边境和意法边境的阿尔卑斯山的所有山口。为此，德军统帅部从法国和德国南部调来8个德国师，组成B集团军，由隆美尔元帅率领。

"魔鬼的杰作"

根据"橡树"计划,德国成立了特种突击队,计划乘坐滑翔机发动偷袭,在几乎不可能成功的条件下,营救墨索里尼。

1943年7月25日,在柏林的伊甸园饭店里,德国特种部队的突击队长斯科尔兹内和几个部下正在喝酒。他们喝光了几瓶巴伐利亚红葡萄酒,眼睛都有点红了,语无伦次地大喊起来。吧台上那个时髦的歌星正在卖力地演唱,饭店内的气氛达到高潮。

夜幕降临,饭店内的灯全都亮起来,一位党卫军士兵急忙推门进来,来到喝得醉醺醺的斯科尔兹内那里,悄悄地对他说:"元首将在大本营接见您,听说有一项紧急任务,飞机准备好了。"

斯科尔兹内马上清醒了一大半,立即叫上几名部下,乘车赶往机场。斯科尔兹内一边登机,一边对飞机驾驶员说:"赶紧飞往拉斯登堡!"

★斯科尔兹内

斯科尔兹内于1908年出生在维也纳的中产阶层家庭,他的祖先具有斯拉夫血统。斯科尔兹内长得很高,曾在维也纳大学主修机械工程学。在维也纳大学,他和很多同学一起加入了"决斗"团体。在一次与人决斗时,斯科尔兹内的脸上留下了一道长长的伤疤,这道伤疤后来陪伴了斯科尔兹内一生。部下们毫不客气地管他叫"刀疤脸"。

德国特种部队突击队长斯科尔兹内

德国把奥地利吞并以后，许多奥地利人参加了德军。于是，斯科尔兹内参加了纳粹党卫队。他本来很想加入空军，以前他驾驶过小型飞机。然而经过5个月的飞行训练，教官告诉斯科尔兹内，他虽然在训练中很努力，但他的年龄太大了，那年他31岁。

斯科尔兹内感到很失望，教官推荐他加入著名的"阿道夫·希特勒警卫旗队"。不久，斯科尔兹内晋升军士，调到党卫队的王牌部队帝国师服役。1940年，党卫军帝国师参加了德军入侵荷兰、法国的战役。在西欧作战期间，斯科尔兹内作战勇敢。

1941年，斯科尔兹内随帝国师参加了德军入侵巴尔干半岛的战役。后来，他在苏联作战。1941年12月，在苏联前线激战时，斯科尔兹内头部负重伤，被送回德国治疗。由于斯科尔兹内经常率领部下不按常规作战，并多次取得胜利，引起了一些高级军官的赏识。1942年，斯科尔兹内调回"阿道夫·希特勒警卫旗队"，成为该部队新兵训练营的教官。

1942年，希特勒一时心血来潮，下令组建一支类似英国"哥曼德"式的突击队，执行特种作战任务。德国国防部对于希特勒建立一支非国防军部队感到不满，因为希特勒建立了大批非国防军部队，比如大量的党卫队部队。德军高级将领们担心这种特殊部队拥

一名手持SVT-40半自动步枪的党卫军"阿道夫·希特勒警卫旗队"宪兵

有特权不听国防部的指挥。但希特勒刚愎自用，急于建立完全听命于自己的部队。不久，党卫军司令部开始寻找一个军官组建、训练和领导突击队。

一天，正在柏林医院养伤的斯科尔兹内接到命令，命令他赴党卫军司令部报到。司令部的一位军官对他说，我们认真研究了你的履历和表现，认为你能做好特种突击队的工作，你认为呢？

斯科尔兹内感到机遇难得，他第一次找到了自己的位置。斯科尔兹内说，他知道自己胆大妄为，粗暴无礼，不是一个好军官。但他认为自己完全能指挥好一支突击队，他说："英国的'哥曼德'破坏了荷兰雷达站，偷袭了隆美尔的'非洲军团'司令部，这些事情我也能干，保证比英国人做得更好。"

1943年4月18日，斯科尔兹内就任弗里登突击队的队长，同时晋升上尉。党卫军司令部专门从苏德前线调回一个精锐的连队，命令斯科尔兹内在柏林附近的弗里登基地训练该连队。墨索里尼垮台前，弗里登突击队已经训练好了。

在飞往拉斯登堡的途中，斯科尔兹内不断猜测着他的任务，难道元首紧急召见他是与墨索里尼事件有关吗？

深夜，斯科尔兹内进入拉斯登堡大本营的"狼穴"。"狼穴"并不是一座戒备森严的堡垒，它只是一处简陋的房子，附近有一些临时营房和简易的掩蔽壕，警卫只有一个营，有几十门高射炮用于防空。"狼穴"附近是茂密的树林，便于隐蔽，因此希特勒把大本营选在这里。

斯科尔兹内走进地下室后，希特勒已经等候多时了，他那双不

第三章　意大利危机

可捉摸的眼睛一动不动地注视着斯科尔兹内。一位参谋官先给斯科尔兹内介绍了墨索里尼垮台事件的情况。接着，希特勒对斯科尔兹内说："你的任务很简单，就是把意大利领袖营救出来！墨索里尼是德国的忠实盟友。巴多格里奥一定靠不住，他会和英美讨价还价。而我们救出墨索里尼，对稳定意大利战局大有好处！你可以办到吧？"

斯科尔兹内感到兴奋极了，没想到他这个小小的突击队竟接受如此重任，尽管这个任务很棘手。但一向喜欢冒险的他没有任何犹豫，马上站起来说："保证完成！"

希特勒笑着说："你先去空军那里，有关营救的细节，空降兵司令施托尔腾会安排的；除了你以外，知道营救计划的只有5个人；你可以用任何办法营救墨索里尼，问题是我们还不知道墨索里尼关在哪里，祝你好运。"

第二天，斯科尔兹内乘机飞抵罗马，来到驻意德国空降部队司令部。很快，从第七空降团挑选的60人和10位谍报专家从弗里登前来报到，他们与弗里登突击队一起，共同执行营救任务。

营救行动面临着很多困难，斯科尔兹内认为最大的难题是没有人知道墨索里尼被关在哪里。意大利政府已经想到德军救走墨索里尼的可能性，因此不断转移墨索里尼。墨索里尼被捕以后，先被带到科因奇诺·塞拉大街的宪兵队营房里关了1个小时，后来被转移到英尼亚诺大街的警察局。被捕后的第二天，墨索里尼向巴多格里奥求情，说他想回家乡罗马涅看一看，但遭到巴多格里奥的拒绝。巴多格里奥认为对墨索里尼暗杀、绑架的可能性仍未解除，必须严加看管。7月27日，墨索里尼被转移到罗马东南的加埃塔。7月28

图说 二战战役 西西里大反攻

位于拉斯登堡的德国元首战时大本营"狼穴"遗迹

日，墨索里尼又被转移到加埃塔湾的蓬察岛上，那里人口稀少。

斯科尔兹内派人通过各种渠道打探消息，半个月过后，仍未发现任何踪迹。连德国党卫军头目希姆莱都认为无法找到墨索里尼，他甚至说："看来只能去卜一卦了。"

一个星期后，德国秘密警察终于找到了一点线索，因为意大利人往往喜欢到处吹嘘。那不勒斯一个小镇上的水果商跟一个德国秘密警察聊天时说，他的大主顾家一个女佣人与在蓬察岛的一个警察订婚了，但20几天来，警方既不准警察前来约会，又不准未婚妻赴小岛探望。

得知这一情报后，斯科尔兹内猜测，那个小岛上很可能关押着墨索里尼，意大利警方正担负着极为重要的任务。几天后，一个意大利海军军官向德国同行吹嘘道，墨索里尼是他的"柚赛福纳"号猎潜艇从那不勒斯港运走的。这一情报说明墨索里尼肯定在蓬察岛，斯科尔兹内立刻派人监视该岛。

该情报被斯科尔兹内报告给"狼穴"。希特勒下令："立即派军舰去该岛救回墨索里尼。"但8月6日，墨索里尼又被转移到其他地方了。原来，意大利政府把墨索里尼转移到撒丁岛上的小渔村里。后来，意大利军警又把墨索里尼转移到北面5公里处的马达莱纳岛，该岛建有海军基地。在这个岛上，墨索里尼被关在凯伦山庄的一个大公馆里。

德国谍报专家们截获了墨索里尼被监禁在马达莱纳岛的情报。斯科尔兹内认为应该加紧营救行动，否则，有可能再次被转移。他扮成一个船员，陪同海军军官瓦尔干中尉赴撒丁岛，访问守卫该岛的德军海军分舰队。

德军伞兵从 DFS230 滑翔机内冲出

　　访问期间，斯科尔兹内调来一艘摩托艇，前去侦察马达莱纳岛的地形。平时很少喝酒的瓦尔干中尉在岛上的几家酒馆喝酒，目的是打探消息。

　　瓦尔干在一家酒馆里碰到了一个意大利农民。他经常到凯伦山庄送蔬菜和水果。他向瓦尔干吹嘘道："……一定有什么大人物住在山庄里。"

　　凯伦山庄由地面部队和重型武器严密防守着，斯科尔兹内决定率领伞兵部队偷袭。为了早日实行偷袭计划，他马上乘飞机回到德国。

　　8月18日，斯科尔兹内率领伞兵小分队乘坐轰炸机向马达莱纳岛方向飞去。忽然，两架英军战斗机从后面接近，斯科尔兹内抓住机枪拼命扫射。突然，轰炸机左边的引擎出现故障，轰炸机急速跌落到海面上。斯科尔兹内等人非常幸运，被一艘意大利商船救上来。这艘商船正好是用来转移墨索里尼的。船员们没有怀疑斯科尔兹内等人，热情地把他们送到撒丁岛。斯科尔兹内摔断了一根肋骨，两天后返回德国治疗。

这时，希特勒给斯科尔兹内下令说："根据国防部谍报部长威摩·卡纳里斯提供的情报，墨索里尼又被转移到厄尔巴岛。你立即派伞兵去营救他。"斯科尔兹内反对这件事。他通过施托尔滕上将联系，就墨索里尼的下落问题晋见希特勒。

斯科尔兹内进入"狼穴"的地下室，用了30分钟，向希特勒及其参谋和将军们报告了墨索里尼被关押在马达莱纳岛的证据，强调他的情报才是准确的。希特勒说："我相信你的话，同意停止用伞兵偷袭厄尔巴岛。但赴马达莱纳岛营救墨索里尼的计划制定好了吗？"

斯科尔兹内说，施托尔滕上将已经制定了该计划。事实上，这个计划是斯科尔兹内制定的。接着，斯科尔兹内向众人报告了营救方案：先向马达莱纳岛派遣一艘访问军舰，同时派满载党卫军和特种突击队员的高速扫雷艇进港；当天，那艘德舰的舰长去访问该岛的海军基地司令部；第二天清晨，高速扫雷艇在港内的德舰支援下冲往栈桥，等部队上岸后，在白天向凯伦山庄推进，救出墨索里尼。

斯科尔兹内指出，该计划具有战术突然性，可以震慑意大利守军。

希特勒身边的高级将领和参谋们尽管认为该计划太过冒险，但希特勒仍然批准了。希特勒警告斯科尔兹内："意大利还是我们的盟友，你们不能侵犯意大利的主权。这个计划如果成功，你将得到奖赏；如果失败，我将不得不解除你的职务。"

几天后，伪装成船员的斯科尔兹内陪同瓦尔干来到撒丁岛。后来，他们又来到凯伦山庄的洗衣场。他们在洗衣场看到一位看守人员。那个看守正在搬运脏衣服。瓦尔干用意大利语搭话。看守开始还是很警惕，但聊着聊着就放松了警惕。

斯科尔兹内说："好像墨索里尼已经死了。"看守立即反驳道："今天早晨我还见过他，他已经乘白色舰艇离开了。"

得知这一情况后，斯科尔兹内感到很失望，营救又落空了。原来，8月28日，墨索里尼被转移到亚平宁山脉的大萨索山上。当时，驻守在罗马市内的一个德国装甲师，正处于7个意大利师的包围之中，局势对德军十分不利。

斯科尔兹内回到罗马后，派人重新打探墨索里尼的下落。一天，斯科尔兹内听说谍报专家们截获到意大利内务部发出的一份无线电报："大萨索山附近的警卫措施已经完成。"

看了这份电报，斯科尔兹内不知道它是什么意思，但他对发报人的名字很感兴趣。发报人库耶里将军难道是负责看守墨索里尼的意军指挥官吗？

斯科尔兹内开始研究罗马东北120公里的亚平宁山脉顶峰大萨索山。在萨索山的山腰处，意大利在战前建有一座冬季体育中心。体育中心的中央有一座名为康包·因培拉特莱的饭店。如果墨索里尼真被关在这座山上，那只能是这座饭店。

第三章 意大利危机

墨索里尼的的关押地——大萨索山康包·因培拉特莱饭店原貌

一位驻意德国人向斯科尔兹内提供了有关地形方面的情报，他在5年前在那家饭店度过几周的假。但那次度假已经过去5年了，他提供的情报不详细。很快，斯科尔兹内从一份小册子上掌握了精确的情报。原来从山下的村庄到饭店之间通有缆车。那里只有一条能够上山的小路，意大利人一般去饭店都乘坐缆车。那里的地形适合防守，只需守好小路就行了。

斯科尔兹内相信墨索里尼被关在那座饭店。9月10日，他乘飞机去侦察了那里的地形，还进行了空中摄影。根据侦察，意大利卫兵严密把守着小路，如果从山下向山上进攻，至少需要一个师的兵力，在当时的情况下是不可能的事情。而且在进攻期间，墨索里尼可能早就被处决了。

饭店建在一个小平台地上。平台附近是岩石，岩石上覆盖着白雪。饭店后边有一小块三角空地，空地上长满了杂草。这块小空地可能就是情报中所说的饭店附近的射击场。斯科尔兹内立即有了用滑翔机营救的想法，并认为这块小空地或许能够作为滑翔机的着陆地点。

斯科尔兹内命令调转机头向基地飞去。靠近海岸上空时，从远处的撒丁岛方向飞来了英国战斗机的编队。斯科尔兹内连忙下令返回基地。

回到基地后，斯科尔兹内决定马上开始营救作战，绝不能拖

营救行动中撞毁的德军飞机

延。因为意大利政府正与盟国秘密谈判，墨索里尼很可能被引渡给盟军。德军空降部队对营救计划的意见是：如果地面强攻难以实施，只有两种营救办法，或者用伞兵跳伞，或者用滑翔机机降。

空降部队认为对付200人的意大利警卫部队，空降作战至少需要200人。但大萨索山太高了，空气稀薄，既不适合跳伞，更不适合滑翔机机降。不管是伞兵跳伞，还是滑翔机机降，由于着陆场太小，只能限制在20人左右。

斯科尔兹内认为伞降容易暴露目标，他决定采用滑翔机机降的办法。他主张用"汉莎"轻型飞机拖曳12架滑翔机，每架滑翔机包括驾驶员在内一共11名官兵。他给每个滑翔机里的小分队都下达了任务：

1、2号滑翔机先着陆，掩护后面的滑翔机着陆。斯科尔兹内乘坐3号机，与4号机一同营救墨索里尼。5号以后的滑翔机中的小分队负责压制意军的火力。他还进一步规定了进攻时间、撤退时间、掩护支援、各个分队的作战地点、着陆动作、携带装备等有关细节。

如何撤离呢？斯科尔兹内决定事先由伞兵部队压制附近的阿奎拉机场，用轻型飞机或"费塞勒怪鸟"型联络机负责接应。

9月11日晚，斯科尔兹内集合了132名突击队员以及所有的飞行员，详细地讲解了每个分队的作战任务，还谈到付出巨大损失的可能性。最后，他总结说，大家一定要争取成功。他在下达任务时指出不想参加者可以立即退出，免得到时候影响空降作战。

9月12日凌晨，从里维拉空军基地飞来的滑翔机，没有按时到达罗马附近的普拉特克·德·马雷基地，无法按原计划在拂晓偷

意大利苏莱蒂将军（左）被安排劝说看守墨索里尼的卫兵。图为苏莱蒂正在与部下讨论行动步骤

袭，只能改在白天。

意大利人午饭后都有长时间睡觉的习惯，斯科尔兹内认为这个习惯倒可以利用一下。拉道尔立即赶往罗马，找到对德国有好感的意大利的苏莱蒂将军，对苏莱蒂说，有一件重要的事情，想得到他的合作。

苏莱蒂将军被拉道尔骗到了基地，他听了这个营救计划感到很震惊。最后，他被迫同意去劝说看守墨索里尼的卫兵。12时30分，12架滑翔机和拖曳的飞机全部到齐。忽然，机场上的空袭警报响起来，大家以为盟军的轰炸机来了，立即躲避。一会儿，空袭警报又

第三章　意大利危机

解除了。临近14时，拖曳机的发动机徐徐启动，一架架升空飞起，11、12号机冲了出跑道但未能起飞。

拖曳机在云层中飞行，滑翔机里十分闷热，队员们的脸色苍白。飞到亚平宁山脉上空时，斯科尔兹内拿出匕首，在帆布舱底和舱壁上开了孔，吹进来大量的新鲜空气，队员们的脸色逐渐红润了。

很快，人们就看到了阿奎拉山谷，就快机降了，斯科尔兹内找不到1、2号滑翔机，决定让3号机先着陆。他命令队员们全部戴上头盔，然后下令与拖曳机脱钩。滑翔机缓缓地向下降落。

斯科尔兹内和滑翔机驾驶员看到下面的空地靠近悬崖，满地的石砾，显然很难着陆。斯科尔兹内开始寻找以前侦察飞行时见过的三角形空地。14时30分，驾驶员猛地把机头向右一转，尽量冲着饭店下降。滑翔机撞到地面上，在石块上剧烈地颠簸着滑行。减速伞早已打开，但舱底板仍然撞露了，帆布也撕裂了，滑翔机在离饭店40米远的地方停下来。

由于1、2号滑翔机不知道哪去了，斯科尔兹内决定在没有掩护的情况下冒险进攻。第一个队员抱着冲锋枪冲了过去，斯科尔兹内等人紧紧跟在后面。此时，在饭店附近的小高地上站着一个卫兵，他显然吓坏了。身穿意大利军官服的苏莱蒂将军大喊："别开枪！"那个卫兵真的没有开枪。斯科尔兹内等人经过他面前冲进饭店。

队员们进入饭店里的一间屋子，闯了进去。一个意大利人坐在无线电台前，斯科尔兹内一脚踢翻了他的椅子，用枪托砸坏了电台。墨索里尼正从对面的窗口露出头来，他用德语大喊："快从窗子

墨索里尼被营救出来后与苏莱蒂将军（左一）及其他同行人员谈话

里跳过来！"此时，斯科尔兹内看见窗外有一个阳台，立即踩着一个队员的肩膀跳到阳台上。这时，其他队员们在饭店里与意大利卫兵们开始交火。

突击队员们在饭店的一角架起几挺机关枪，射出密集的子弹，使下面的卫兵们无法冲上来。很快，饭店里的卫兵们主动投降了，就像意大利的陆军在许多战场上善于投降一样。斯科尔兹内在饭店的舞厅里找到了由两个意大利军官看守着的墨索里尼。此时，在窗外有两个突击队员沿着避雷针爬上来。两个意大利军官吓得脸色苍白，赶紧举手投降。

第三章　意大利危机

斯科尔兹内派人保护墨索里尼,向窗外的山坡上一看,只见4号机的拉道尔等人正冲向饭店。一会儿,5号机也降落了,队员们出了舱门就向饭店跑。接着6、7号机随后着陆。一阵大风吹来,8号机直着撞到地面上,队员们都负了重伤,全都没出来。随后,9、10、1、2号机纷纷着陆。

斯科尔兹内派人去寻找意大利的卫队队长。一个满脸大胡子的意大利上校听到喊声站了出来。斯科尔兹内要求他马上投降,给他一分钟的考虑时间。上校拿起两个红葡萄酒杯,把其中一个交给斯科尔兹内。上校笑着说:"为胜利者干杯!"他们举起了酒杯对饮。而在饭店外边的意大利卫兵们更可笑,他们举起一块白床单,表示投降。

一会儿,穿着肥大的半灰色西装、胡子很长的墨索里尼从楼上下来。斯科尔兹内立即向墨索里尼立正敬礼,对他说:"元首阁下,您自由了。"墨索里尼激动地握住斯科尔兹内的手,说:"只有希特勒这个老朋友还惦记着我的安全!"

德国突击队员们开始解除意大利卫兵们的武装。如何帮助墨索里尼逃出罗马地区呢?由于不能使用电台,不知道德军伞兵部队是否占领了阿奎拉机场,因此斯科尔兹内下令飞往普拉特克·马雷基地。

体重达90公斤的斯科尔兹内想与同样重的墨索里尼一同乘坐飞机,飞行员盖拉赫立即反对:"这架飞机的搭载重量一共才180公斤,上面只能有两个人。从到处是石块的地方起飞,飞机搭载3个人很可能会丧命。"

斯科尔兹内说:"一旦失败,我负全部责任,请你立即执行命令。"

12名突击队员聚集在小飞机附近，用力推飞机。小飞机的发动机慢慢加速，突击队员们继续用力推。14时50分，发出起飞的信号。12名士兵赶紧松手并向后退。小飞机一边向前滑行，一边在坎坷不平的石头上晃来晃去，怎么都不肯起飞。斯科尔兹内准备随时跳下去，墨索里尼则吓得脸都白了。

飞机撞到一块石头上，一只轮子被撞歪了。这时，飞机冲到悬岸边，眼前出现了深深的山谷。墨索里尼闭上双眼，飞行员则十分冷静。飞机悬空后贴着山涧向下滑行。很快，飞机获得升力，机头朝上抬起向上空冲去。

亚平宁山脉大萨索山

第三章　意大利危机

这架"费塞勒怪鸟"飞机很小，航速很慢，飞到普拉特克·马雷机场时，已经将近下午16时。斯科尔兹内急忙带着墨索里尼换乘一架轰炸机，向奥地利飞去。

晚上，墨索里尼下榻维也纳的帝国饭店。希特勒、希姆莱、戈林和凯特尔等人先后打来电话慰问。第二天，墨索里尼乘飞机飞往慕尼黑，看到了逃出意大利的妻子和两个孩子。9月14日，在拉斯登堡的"狼穴"，墨索里尼又与希特勒见面了。

事后，斯科尔兹内被希特勒授予骑士十字勋章，同时晋升少校。在德国各地，有很多人给斯科尔兹内发来祝贺电报。在柏林和维也纳，庆祝营救胜利的大会不断召开。德国媒体称此次奇袭为"魔鬼的杰作"。

意大利退出战争

1943年8月5日，意大利代表开始与盟国在西西里岛秘密谈判。意大利急于与盟国媾和，但为了避免驻扎在意大利的德军军事政变，仍假装继续与盟军作战。同时，意大利外长古阿里格利亚害怕引起德国的警觉，为了消除德国的猜疑心理，古阿里格利亚在意大利北部与德国外长里宾特洛甫举行会谈。会谈后，意大利发表的公报比以前更加明确地宣布，意大利仍然是德国的"最忠实的盟国"。然而，这是意大利做出的一种虚假的姿态。

当时，意大利各个阶层渴望和平，特别是盼望早点摆脱德国的控制。意大利政府要求盟军在罗马北部登陆，同时派一个空降师空降罗马。

1943年8月初，隆美尔率领B集团军的8个德国师越过边境进驻意大利北部。另外，在意大利南部的凯塞林元帅还有8个德国师。很快，16个德军师就把80万意军解除了武装，意军竟没有反抗。

1943年8月15日，巴多格里奥想让意大利获得盟国的身份，好在战后获得巨大的利益。他又派代表与盟国秘密谈判。意大利表示，只要盟军在意大利登陆，意大利马上加入盟国，并对抗德国。

8月31日，由于英国不同意意大利加入盟国，盟国向意大利下达了最后通牒：必须无条件投降，否则就接受战争。为了占领意大利，亚历山大命令英国第八集团军准备在9月2日晚越过西西里海峡在勒佐登陆。

蒙哥马利视察盟军阵地

9月3日,意大利代表在盟国起草的停战协定上签字,意大利向盟国投降了。9月8日18时30分,艾森豪威尔在广播中宣读了停战协定。20时,巴多格里奥也宣读了停战协定。

直到这时,意大利海军参谋长代科尔坦上将才得知有关意大利海军的停战条款的内容。

代科尔坦原来还准备只要有关条款有损海军的荣誉,就立即就那些条款提出抗议。但现在代科尔坦发现这些条款并未损害海军的荣誉,只规定了要把海军军舰、舰员和武器转移到盟国港口,并且没有规定意舰队向盟国投降，只声明盟国有征用意大利军舰的可能。代科尔坦决定接受投降，并命令意海军的所有军舰尽量遵守这个决定。

9月8日晚，德军向罗马进军。意大利国王、巴多格里奥、内阁成员和高级官员们躲进陆军部大楼，并宣布戒严。在惊慌的气氛中，巴多格里奥等人进行了紧急的蹉商。深夜，他们乘坐5辆汽车，驶出罗马的东城门，来到亚得里亚海岸的佩斯卡拉港。他们乘上2

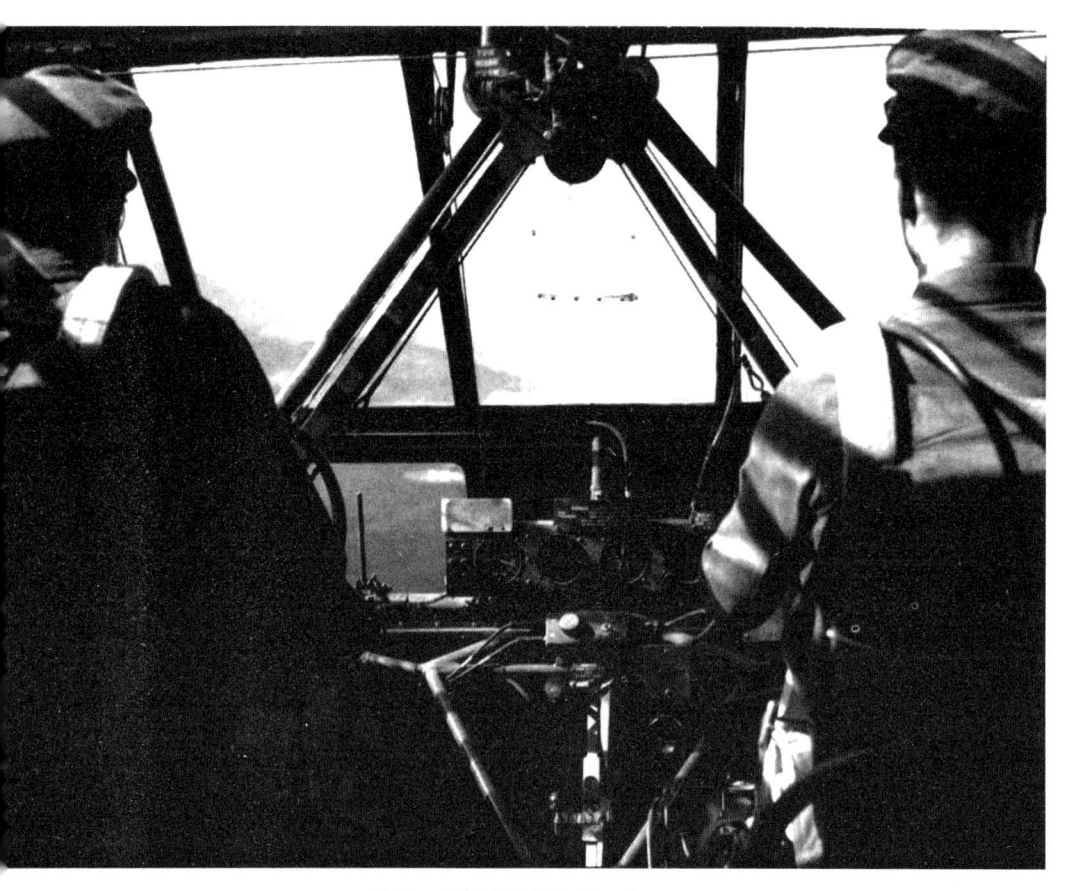

美军飞行员驾驶滑翔机飞行

艘盟军快艇逃走了。巴多格里奥等人于9月10日来到意大利南方的布林迪西，在盟军占领区成立反法西斯的意大利政府。

9月9日凌晨3时，意大利海军主力舰队奉命撤离拉斯佩济亚港。很快，主力舰队与热那亚港的3艘巡洋舰会合。此时的舰队编成为：战列舰"罗马"号、"维托里奥·韦内托"号和"意大利亚"号（"利托里奥"号）、轻巡洋舰"尤金亲王"号、"奥斯塔公爵"号、"阿布鲁齐公爵"号、"加里博尔迪"号、"蒙德库科利"号和"雷果洛"号，还有8艘驱逐舰。

9月9日，美军第五集团军司令克拉克率部队在萨勒诺登陆。在萨勒诺登陆战中，美军在滩头并未遇到任何抵抗，整个早晨没有一人死亡，最大的损失是运输机把空降兵投进了大海。另外，美军在滩头遭遇的最强抵抗来自萨勒诺动物园，由于盟军的轰炸，流落在外的一只美洲豹咬伤了两个美军士兵。

盟军的进攻方向是罗马。这一天，德国第十集团军驻扎在古斯塔夫防线，该集团军的北面是德国第四集团军。

另外，盟军飞机还轰炸了撒丁岛附近的两个小岛，两个小岛上驻扎了1万多意大利官兵。盟军飞机炸死了40多个意大利士兵，意大利官兵接受了美军飞行员的劝降。

意大利退出战争后，希特勒非常生气。他把宣传部长戈培尔叫到拉斯登堡，对他说，意大利人太不要脸了。此时，希特勒也担心自己被推翻。

9月9日这一天充满了戏剧性的消息。盟军登陆时，有一艘意大利鱼雷快艇未能接到停战命令，攻击了一艘盟军巡洋舰。不过，盟军想办法使那艘意快艇相信意大利停战了。这是意大利海军对盟

美军士兵驾驶两栖装甲车在港口登陆

军的最后一战。下午晚些时候，意大利战列舰"豪伍"号、5艘巡洋舰和一支满载盟军登陆部队的船队驶入塔兰托港。

德军很快清醒过来，立即根据原计划开始进驻意大利的各个城市和港口。意海军无力阻止德军占领港口，因为港口的对陆防御是由德军负责的。不过，意大利海军抗德的行动还是到处发生着，很多无法离港的舰艇反抗着德军。当然，这些反抗是无法阻止德军占领港口的。

当天晚上，德军占领了沿第勒尼安海岸的所有南部港口，包括撒丁岛和科西嘉岛的港口。那些无法离港的意大利军舰大多数自沉或者炸毁。

最大的悲剧是意大利战列舰"罗马"号的损失。15时50分，当意舰队驶入科西嘉岛以西的阿西纳拉岛附近海域时，看到一些飞机飞来。意舰队以为是盟军的飞机，因此并未采取防空措施。

没想到那些飞机是德国的，德国飞机第一次使用了火箭炸弹。"罗马"号的前部火药舱中了一弹，引起了大火灾。20分钟后，火

帮助意法部队进攻德军的意大利"奥里亚尼"号驱逐舰

药舱爆炸。战列舰缓缓下沉，该舰上的全部军官和大部分的水兵都与舰沉没。"意大利亚"号也受伤了，但并未受到重创，因此继续前进。

意大利海军部一接到舰队被空袭的消息后，马上请求英军驻马耳他岛的飞机掩护舰队撤离。然而，由于事先并未安排，来不及派飞机前来护航。另外，驱逐舰"维瓦尔迪"号和"达诺利"号奉命前来与舰队会合，但它们通过博尼法乔海峡时，遭到德国炮兵的拦截。经过激战后，"达诺利"号沉没，"维瓦尔迪"号不久也沉没了。

意巡洋舰"雷果洛"号、3艘驱逐舰和1艘护航舰将"罗马"号、"维瓦尔迪"号、"达诺利"号的幸存者救上船。这些救生舰在两艘护航驱逐舰和3艘登陆舰的护送下，向巴利阿里群岛的马洪港驶去。在抵港以前，"佩加索"号和"因佩图奥索"号护航驱逐舰遭到德军的几次空袭，两舰受到重创，舰员们放水自沉。

从塔兰托港撤离的战列舰"多利亚"号、"杜里奥"号，巡洋舰"卡多纳"号、"朋佩奥"号和1艘驱逐舰在9月10日安全到达马耳他岛。在马耳他岛，它们与主力舰队以及其他军舰会合。

这些舰船在驶抵马耳他港时，英军按海军礼节欢迎意大利海军，意大利海军司令以下的军官均获礼遇。在瓦莱塔港码头，意舰队司令达扎拉受到地中海舰队司令坎宁安的参谋长的热情迎接。达扎拉检阅了英海军仪仗队。随后，坎宁安上前与达扎拉握手寒暄。

9月10日，德军占领罗马附近的3个海军无线电中心。意大利海军部通过电台，继续安排各舰队和商船执行停战协定。

9月11日，德军派卫兵在意大利海军部门口站岗，并未进攻海军部。因此，意大利海军部人员继续工作。9月12日下午，代科尔坦海军上将从布林迪西港发来电报："我已直接行使对海军的指挥权。"意大利海军部立即停止了工作。

在意大利北部各港口，有很多小舰艇反抗德军。这些舰艇努力冲出港口或者向南方的马耳他岛驶去时，遭到德军飞机、港口岸炮、海岸炮和各种武器的攻击。这些遭遇战，使双方都付出了惨重的伤亡。

意大利护航驱逐舰"阿利塞奥"号在科西嘉岛附近遭到德国10艘小舰的围攻。在激战中，"阿利塞奥"号把德舰全都击沉，他们把德舰的幸存者打捞上来，继续向马耳他驶去。

在皮昂比诺港的意大利水兵击沉了该港的所有德国小舰后，立即撤退。在斯塔比亚港，意大利水兵在激战中阵亡多人。在卡塔罗港，水兵们用光了弹药后，向德军投降。在克法利尼亚，大多数意大利水兵在激战中阵亡。在勒罗斯岛，意海军的抵抗达50日之久。

在中国上海的意大利炮舰"勒庞托"号和"卡洛托"号放水自沉，在日本神户的快船"兰姆二世"号放水沉没，在沙璜的潜艇"卡佩林尼"号和在日本各港的11艘商船都放水自沉或自行破坏。另外，意大利潜艇"卡格尼"号从印度洋驶回意大利。"厄立特里亚"号冲过日海军的封锁，驶入英国的科伦坡港。

不久，意大利舰队奉命去守卫塔兰托港和布林迪西港。9月12日，在卡普里港的意大利鱼雷快艇群和其他辅助舰艇奉命接受英美海军的指挥。

9月13日，英国人问达扎拉，能否派两艘驱逐舰赴阿雅克肖去帮助意法部队进攻德军。达扎拉马上出动"勒季翁纳里奥"号和

"奥里昂尼"号执行任务。由于当时的意大利政府只是个空架子，结果在前线以南的军政组织全都接受意大利海军的领导。

意大利塔兰托港的造船厂对盟军的贡献较大，它是当时除直布罗陀以外地中海唯一完善的造船厂。该厂获得了盟军的书面赞扬。从1943年9月至1945年6月，塔兰托港造船厂共修复1600多艘盟军舰船，其中600多艘是军舰。另外，该厂还修复了本国的200多艘商船和几百艘军舰。

美军"费城"号轻巡洋舰正在行驶

由于盟军只占领了意大利南部，意大利海军不仅保卫南部各海军基地和海岸的防御工事，而且还要训练地面部队以保卫受到德军威胁的南部各军区。意大利海军加强了新的防御工事和组织大量的勤务部队。意大利海军重点加强了防空炮火，其中有很多防空炮是盟军提供的。

意大利海军迅速训练了大批防空炮兵，让他们使用这些新式防空炮。

在美国第一空降师登陆塔兰托港时，所有的重装备都由巡洋舰"阿布迪埃耳"号运送，该舰在进港时触雷沉没。意大利海军马上用仓库中的机动炮、重机枪、反坦克炮和喷火器等武装第一空降师。

"阿布迪埃耳"号的沉没说明了德军在撤离塔兰托以前布下了水雷。为了避免再发生触雷事件，意大利海军派潜水员对通往马皮科洛的内水道进行了搜索。同时，意海军又围绕各海军基地设置反潜工事，同时加强扫雷工作。

9月23日，代科尔坦在塔兰托港与坎宁安会见，协商把意舰队移交盟国舰队使用，以便尽早结束战争。坎宁安认为意大利至少应把部分军舰移让给盟国，以赔偿盟国的损失。代科尔坦在原则上接受该要求，但表示这件事应该等待有关政府来解决。坎宁安表示同意。就这样，代科尔坦与坎宁安达成了"君子协定"。

后来，英国和美国宣布不要意大利的军舰赔偿。意大利与法国、希腊达成协定，将若干意舰赔偿给它们，只有苏联继续要求把意舰全部赔偿给盟国。

10月13日，意大利的巴多格里奥政府正式向德国宣战。同时，英、美、苏三国政府纷纷发表公告，承认意大利为盟国一方。

★巴多格里奥

巴多格里奥的家乡位于意大利北部的彼阿蒙特地区。他从都灵陆军学院毕业后加入陆军。1892年，晋升中尉。1896年，巴多格里奥被调到非洲殖民地厄立特里亚。1912年，在利比亚，他参加了意军进攻奥斯曼帝国北非殖民地的黎波里的战役，立下战功。

第一次世界大战时，巴多格里奥随军参战，他多次晋升。1917年，巴多格里奥就任意军第二兵团第二十七军军长。同一年，在卡

普里托战役中，第二兵团一败涂地。在奥德联军的进攻下，第二兵团伤亡4万人，被俘26.5万人。巴多格里奥对战败负有一定的责任，但没有受到任何惩罚，相反却被晋升为中将。

1918年11月，奥匈帝国眼看就要崩溃了。11月4日，在英法联军的强大支援下，意军在意大利东北地区击溃了奥军。奥匈帝国无条件投降，与意大利签署了意奥停战协议。意大利收回被奥匈帝国占领的特兰提诺、商蒂罗尔地区、意奥边界的博伦纳山口。

11月4日被视为意大利的建国日。意大利人认为陆军副总参谋长巴多格里奥是这一胜利的缔造者，他被晋升为大将。

第一次世界大战结束后，巴多格里奥被选为国会议员，同时保留了军职。起初，巴多格里奥拒不接受法西斯政府。因此，受到墨索里尼的排挤。1922年，他被革职。意大利政府派他担任意大利驻巴西大使。随后一系列的政局变革使巴多格里奥重新跻身军方高层。

1924年5月4日，巴多格里奥就任意大利总参谋长。1926年5月26日，墨索里尼授予他元帅军衔。1929年，巴多格里奥出任意大利驻利比亚总督。

1935年，意军入侵埃塞俄比亚。占有绝对兵力和装备优势的意军竟在战争初期一败涂地，埃塞俄比亚军队在海尔·塞拉西一世的率领下顽强抵抗意军。

1935年11月，墨索里尼改任巴多格里奥为意军总司令。巴多格里奥一上任就向埃军发动了大规模攻势，还出动大批轰炸机猛烈轰炸、扫射埃军阵地。

3月，巴多格里奥甚至动用了瓦斯弹、毒气弹等化学武器，意

图说 二战战役 西西里大反攻

一名美国陆军下士坐在画有轴心国领导人卡通头像的吉普车上

第三章 意大利危机

军终于打败了埃军这支非洲土著军队。海尔·塞拉西一世率部逃跑。1936年5月5日，巴多格里奥率军进入埃塞俄比亚首都亚的斯亚贝巴。战争的胜利使墨索里尼欣喜若狂，他无耻地告诉《每日邮报》的记者："在东非的胜利使意大利跻身世界强国的行列。"

第二次世界大战爆发后，巴多格里奥再次就任意大利总参谋长。他认为意大利从各方面来讲都太落后了，欺负一下非洲国家还可以，但绝不能与强国对抗。他多次劝墨索里尼不要参战。墨索里尼知道意大利不是英法的对手，但他认为德国即将取得欧战的胜利，想追随德国以便分享胜利果实。最终，意大利还是参战了。

1940年10月底，墨索里尼出兵入侵希腊。此前，巴多格里奥曾多次反对入侵希腊，"一旦战争延长下去，意大利匮乏的资源将荡然无存。"巴多格里奥的预言成真，意大利军队在希腊接连惨败。12月，巴多格里奥成为墨索里尼的替罪羊，被赶出总参谋部。

1943年7月25日，意大利国王解除了墨索里尼的职务，根据巴多格里奥的建议把墨索里尼监禁。随后，意大利成立了以巴多格里奥为首的军事政权，但始终无法获得民众的支持。

1944年6月4日，盟军突破了横贯意大利中部的古斯塔夫防线，占领了罗马。10天后，巴多格里奥辞职。战后，巴多格里奥回到家乡彼阿蒙特，于1956年逝世。

德军的疯狂反击

德军进驻罗马后,为了防止类似墨索里尼事件的发生,希特勒采取了一系列措施,解除了所有意大利亲王在德军中的职务。黑森的菲利普亲王过去经常出入"狼穴",负责希特勒和墨索里尼之间的联络工作,他被关进了集中营。他的妻子玛法尔达是意大利国王的女儿,也被关进了集中营。因为意大利国王反对法西斯,希特勒逮捕他的女儿来泄愤。

此时,在希特勒的身边,大多数将领,甚至像戈培尔这样的心腹,都怀疑墨索里尼还能不能控制意大利的局势,但希特勒却仍然认为墨索里尼一定不会令他失望。

希特勒想让墨索里尼担任意大利北部的新政府首脑,减轻德国管理意大利北部的负担,帮助德军保卫漫长的补给线,防止意大利人民的破坏。意大利共产党领导的游击队非常活跃,到处破坏德军的交通线。

★墨索里尼成了希特勒的傀儡

1943年9月15日,在希特勒的百般劝解下,墨索里尼终于同意重新掌握法西斯党的领导权。墨索里尼对外宣布:"新的法西斯共和党在肃清了党内的叛变分子以后,准备在意大利北部重新建立新政府。"就这样,意大利的法西斯党披上了"革命"的外衣。

希特勒认为,意大利的法西斯共和党应该能够重新崛起。然而，希特勒感到很失望，因为法西斯共和党得不到意大利人民的认同，无法重新组建军队。

在墨索里尼的女儿爱达的策划下，她和齐亚诺来到德国慕尼黑避难。希特勒和戈培尔认为，墨索里尼应该立即把齐亚诺处决；至于爱达，应该狠狠地抽她一顿鞭子。然而，让希特勒和戈培尔感到恼火的是，墨索里尼竟与齐亚诺获得了谅解。墨索里尼让齐亚诺成为法西斯共和党的领导人之一。

由部分意大利陆军官兵和民众组成的游击队的机枪阵地

1943年9月23日，墨索里尼回到弗利市，宣布法西斯的意大利社会共和国成立。10月7日，意大利法西斯新政府把办公地点迁到北部加尔达湖畔的萨罗小镇。墨索里尼尽管名义上是萨罗共和国的政府首脑，然而在希特勒的控制下，他只是一件摆设品，只是德国控制意大利北方政治、经济、军事的一个工具。

此时的墨索里尼失去了过去的威风和权力，成为德国统治意大利北方人民的帮凶。他的寓所坐落在优美的湖畔胜地，那里驻扎着一支党卫队部队。为了把墨索里尼的情妇克拉拉·贝塔西送到这里，德国不得不调一个师的兵力护送她。由于情人又回到自己身边，墨索里尼似乎在凄惨的政治生活中又找到了一丝乐趣。

事实上，希特勒心里瞧不起墨索里尼，早就想解除他的职务。但在解除墨索里尼的职务以前，希特勒先逼着他把的里雅斯特、伊斯特里亚和南提罗耳"送"给德国。双方还达成协议，将来还要把威尼斯"送"给德国。墨索里尼被迫忍受着希特勒带给他的种种羞辱。

德国把意大利人押送到德国做苦役，至1944年底，居住在德国的意大利人达100万之多。意大利人都害怕被征集到德国当苦役，这是墨索里尼无法在意大利国内组建军队的重要原因。

9月停战后的几个星期内，在德国所占领的意大利北部的部分意大利陆军官兵和民众，组织了游击队。意大利游击队同罗马南部的盟军和意大利巴多格里奥政府取得了联系。意大利北部和中部爆发了大规模起义，救出了8万盟军战俘。

为了征兵，墨索里尼规定，监狱里的囚犯只要愿意当兵，立即

美国陆军士兵在一个古老的寺庙内工作

获得自由。有些地方法律规定，凡是逃避应征的人一律判处死刑。如果哪一家的男人拒绝征兵，全家人都得入狱，没收财产。许多意大利男子和妇女只好上山参加游击队。

巴尔干半岛的意大利军队遭到当地游击队的不断袭击和德军的疯狂报复，损失惨重。在意大利，个人主义盛行，许多独立的意大利部队不受墨索里尼的管辖，甚至威胁要逮捕他。

由于墨索里尼成了反人民的政府首脑，盟国迫切需要对这件事进行反击。盟国的办法是加强攻势，另外尽一切努力来加强意大利国王和巴多格里奥政府的权威。

出于军事原因，盟国也需要巴多格里奥政府动员意大利一切反对德国的势力或者至少对德军进行抵制的部队。这些势力和部队已经在意大利和巴尔干半岛积极开展反德活动。

德国人对待意大利海军和民众的残暴行为，最终导致了巴多格里奥政府正式向德国宣战。意大利在事实上加入了盟国。因此，美英苏三国政府向意大利做出关于把德国人赶出意大利后，服从意大利人民意志的承诺。

事实上，意大利投降时，盟军有机会以最小的代价控制爱琴海。驻爱琴海各岛屿的意军除了少数追随墨索里尼外，大部分服从意大利国王的命令。若盟军在意军被德军解除武装以前到达各个岛屿，意军是会投诚过来的。当时，德军在爱琴海的兵力少得可怜。

但盟军没有这样做。9月9日至12日，德军以迅雷不及掩耳般的速度，轻松地占领了很多小岛。同时，驻扎在主岛罗得岛上的一个师的德军，通过一系列的军事和政治谈判，迫使该岛的意军投降。

由于德军兵力太少，不敢占领勒罗斯岛。勒罗斯岛是防御力量

德军失事飞机旁，几名美军士兵正在观察飞行员的尸体

较强的海军基地，该岛附近的科斯岛、卡利姆诺斯岛、斯塔姆帕利亚岛、帕特莫斯岛、伊卡里亚岛和萨摩斯岛，德军也不敢去占领。

9月13日，德军用无线电与勒罗斯岛、科斯岛、卡利姆诺斯岛、斯塔姆帕利亚岛、帕特莫斯岛、伊卡里亚岛和萨摩斯岛的意军联系，希望派代表团赴岛进行关于意军荣誉投降的问题的谈判。

勒罗斯岛的基地司令意海军少将马斯凯帕拒绝投降。一旦德军调来了足够的兵力，他们肯定会尽全力来进攻这些岛屿。马斯凯帕显然明白这一点，但他决定率领部队保卫这些岛屿。

勒罗斯建有 24 个海军炮台，装有大小不同的火炮近百门，最小的是 76 毫米的高射炮，最大的为 152 毫米的重型海岸炮。岛上的海军约有 5500 名，其中一半为炮手和机枪手，分布在各个工事。另一半为行政人员和后勤兵。

勒罗斯岛上的陆军很少，只有约 1000 名的步兵营，武器破旧。水兵和步兵都来自后备役。他们在意大利参战后始终没有作战，大部分兵力分散在岛上的各孤立据点里，生活条件很苦。

显然，岛上被围困的意军若得不到海上的充分支援，或者来自空中的充分支援，那么长期的坚守是不可能的。岛上的炮位尽管完

英军扫雷舰正在执行任务

好，然而都是老式的炮台，炮台完全是暴露的。德军可以把巴尔干战区的所有空中力量调来轰炸勒罗斯。马斯凯帕可使用的仅是科斯岛上的一个临时机场和4架飞机。勒罗斯全岛到处是山，无法建飞机场；并且他们只有1艘旧驱逐舰、少量鱼雷快艇和一些小艇。

罗得岛、勒罗斯岛和科斯岛是爱琴海的重要堡垒，长期以来就是重要战略目标。罗得岛是这些岛屿的钥匙，因为它拥有良好的飞机场，由德意军队驻守着。如果盟军占领罗得岛，盟军飞机就可从罗得岛起飞，以保卫盟军占领的其他岛屿，并使盟国的海军完全控制爱琴海。

丘吉尔认为，若不抢占这些岛屿，会失去天赐良机。一旦盟军夺取了爱琴海的制空权和制海权，就能对土耳其产生威慑。意大利崩溃后，土耳其已经受到了巨大的震动。

盟军如果控制了爱琴海和达达尼尔海峡，那么盟军就能开辟海上通往苏联的通道，就不需要组织风险很大、代价过高的北极护航运输队或者维持通过波斯湾的漫长的供应线。

然而，因为英美两国的意见不统一，直到9月上旬才由一个特殊空中防务团在德军后方三四百公里处对德军的机场进行了一系列的空袭。9月9日晚，该防务团的一个小队用降落伞在罗德岛着陆，想迫使德军投降。

若盟军从海上快速派援军前往罗德岛，这就能够激励该岛的意军控制人数少得可怜的德军。德军疯狂地攻击盟军防务团的小队，意军却屈服于德军的权威而不敢走出军营。盟军防务团的小队被迫撤退。后来，德军向罗德岛不断增兵，兵力达到6000人。现在盟军要想去占领罗德岛，比原先困难多了。

图说 二战战役 西西里大反攻

一名英军士兵对德军俘虏逐个搜身

德国统帅部料定盟军将在爱琴海对德国形成致命的威胁，因此感到十分惊慌。9月24日，希特勒召开军事会议，陆军和海军都极力主张从克里特岛和多德卡尼斯群岛撤退。他们认为，以前占领那些岛屿，为的是在东地中海地区发动进攻，现在德国采取守势不再需要那些岛屿。他们认为必须避免兵力和物力的损失，这些兵力和物力对防守欧洲大陆有很大作用。

第三章 意大利危机

希特勒狠狠地训斥了他们一顿。他认为绝不能从克里特岛和多德卡尼斯群岛撤退，因为这样做会引起东南欧盟国的强烈反应。希特勒说："德国的东南欧盟国的态度和土耳其的态度，完全取决于他们对德军实力的信心。如果撤离这些岛屿，那么就会产成一系列严重的后果。最令我担心的是，这样会使刚成立的意大利法西斯共和政府瓦解。"

为了控制爱琴海，9月底，在英国驱逐舰和潜水艇的护送下，盟军3个营分别占领了科斯岛、勒罗斯岛和萨摩斯岛，一些小规模的盟军小分队占领了其他岛屿。科斯岛有一处飞机场，盟军的战斗机能够利用该机场轰炸德军。科斯岛成为德军发动反攻的目标，从9月18日起，德军频繁的空袭科斯岛。盟军侦察机报告，德军的一个护航运输队正驶向科斯岛。10月3日拂晓，德军伞兵部队突然在科斯岛降落，赶走岛上的英军，夺回了科斯岛。

10月3日，英国海军部出动强大的登陆舰队，从马耳他岛驶往爱琴海。艾森豪威尔出动两大队的远程战斗机临时调往中东地区，支援爱琴海作战。它们到达爱琴海后显示出了巨大威力。10月7日，德军一支运送援兵的舰队前往科斯岛，在盟军海空军的夹击下被歼灭。

几天后，英国海军又击沉了德军的两艘运输舰。10月11日，盟军远程战斗机撤离。此后，英国海军再一次面临被动的局面，德军又有了制空权，而英军的舰只只敢在晚上活动。

盟军远程战斗机的撤退，决定了勒罗斯岛的命运。德军在不受干扰的情况下，利用分散的小船队，集结了大量的兵力。

11月12日凌晨，在海上舰队的支援下，德军在该岛的东北端和勒罗斯城东南的海湾同时抢滩登陆，双方爆发了激战。下午，

600名德军伞兵在阿林湾与格纳湾之间的地峡降落，一下子把英军的防线分成两段。为了夺回地峡，英军不断发动反攻。在战斗的最后阶段，驻守萨摩斯岛的英军西肯特第二团被派去增援勒罗斯岛。英军苦战到11月16日晚，因寡不敌众而撤退。

勒罗斯岛陷落后，盟军难以在爱琴海立足。英军马上想办法撤走了萨摩斯和其他岛屿上的少量驻军，还从勒罗斯岛救出残余的部队。另外，英军还救出很多持友好态度的意大利人和德军俘虏。

盟国海军在爱琴海遭受重大损失，6艘驱逐舰和2艘潜艇被德军用水雷击沉，另外还有4艘巡洋舰和4艘驱逐舰受伤。

希特勒接受了凯塞林的建议，改变了对意大利战事的原有决定。希特勒原本主张把部队撤到罗马后面，守住意大利北部。现在他命令部队尽量向南面进攻。希特勒选定了一条"冬季战线"，从亚得里亚海沿岸的桑格罗河背后起，穿过意大利的山脊地带，一直到西海岸的加里利亚诺河口。一年多来，德军在非洲、西西里岛和意大利南部几乎总是撤退，这时希特勒突然要进攻。此时，盟军已经把登陆法国置于首要地位，从意大利和地中海地区撤出8个师调往英国。

希特勒的战略意图是在罗马南面维持一条防线，那里的险要地形非常有利于防守，而盟军的坦克或炮兵很难发挥优势。这不仅能够有效地牵制盟军的兵力，而且有利于保卫墨索里尼的北方"共和国"。

此时，意大利战场的双方兵力对比已经发生很大变化。在南方，盟军有11个师对付德军的9个师，而德军还有约15个师在更北的地区。德军正在收缩他们在欧洲的防线，以便组成一支预备队。这支预备队用来进一步增援在意大利的军队。

几名加拿大士兵在友军的支援下，抬着伤员快速前进

相比之下，盟军在意大利的局势就不利了。盟军在意大利本土的部队最高数量为：10月底12个师，11月底13个师，12月底15个师。从战略安全上考虑，盟军在罗马南面建立一条防线是必要的，必须建立足够的纵深阵地，使重要的福贾机场和那不勒斯港不受威胁。

为此，英军第八集团军奉命向前进攻，经过一系列的激战后，进抵桑格罗河。河对岸驻扎着德军的4个师。为了保持战略主动权，亚历山大将军的计划是，第八集团军立即过河，在那里突破德军的"冬季战线"，并尽可能向前推进至佩斯卡拉－阿韦察诺公路，以便威胁罗马，并想办法切断德军在西海岸的交通线。

英军已经在桑格罗河对岸攻下桥头堡，但是德军的主要防御阵地设在高地上。由于阴雨连绵，道路泥泞，河水猛涨，盟军的进攻被迫推迟到11月28日。11月28日当天，英军第七十八师、第八印度师和新西兰师发动了进攻，并且推进速度较快。经过一个星期的激战后，英军在桑格罗河对岸16公里的地方建立了牢固的登陆场。

12月20日，加拿大部队推进到奥托纳的近郊，经过一番猛烈的战斗后，12月28日，加拿大部队占领了奥托纳城。从这次巷战中，加拿大部队获得了很多的经验教训。但德军仍在继续抵抗，从意大利北部调来大量的部队。英军第八集团军于12月间尽管获得了一些进展，但无法攻下任何重大战略要地，后来由于冬季的气候停止了进攻。

与此同时，美军第五集团军顺着公路艰难地向卡西诺推进，攻击了德军主要阵地的防御工事。德军在公路两旁的山上部署了大量的兵力。12月2日，英国第十军和美国第二军，进攻公路西边的卡西诺峻岭，经过了一番激战，在一周后把那里的德军歼灭了。

在公路的东面，美国第二军和第六军也发动了进攻。直到1944年1月1日，美军将德军击退。此时，美国第五集团军才顺着加里利亚诺河及其支流拉皮多河建立了防线，准备开春发动新的攻势。

尽管在意大利的德军还在拼命挣扎，他们在兵力上暂时占有优势，但德军的装备太落后了，从总的方面来说，德国已经接近崩溃。

第三章 意大利危机

由斯科尔兹内担任队长的弗里登突击队正在集训

即将奔赴意大利作战的美国陆军通信兵

图说 二战战役 西西里大反攻

英军狙击手准备射击

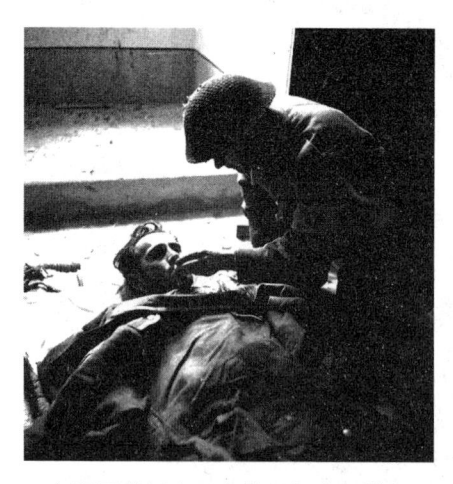

一名盟军救援人员向德军俘虏提供帮助及治疗

加拿大士兵隐蔽在石墙后阻击德军

第四章
挺进罗马

处决齐亚诺

加莱阿佐·齐亚诺，1903年3月19日生于意大利里窝那的贵族家庭。他的父亲科斯坦佐·齐亚诺是法西斯元老，被任命为墨索里尼的继承人。另外，家族的巨大财富为齐亚诺提供了雄厚的物质基础。

齐亚诺于1925年从罗马大学法律系毕业后进入外交部。1930年以前，先后在驻里约热内卢、布宜诺斯艾利斯、北平和梵蒂冈等地的使领馆工作。

1930年，齐亚诺与墨索里尼的爱女爱达结为夫妻，从此官运亨通。1936年，齐亚诺担任意大利的外相。1936年10月21日，齐亚诺与德外长纽赖特签署秘密议定书，标志着柏林-罗马轴心形成。1939年5月22日，齐亚诺与里宾特洛甫签署德意《钢铁盟约》。

在齐亚诺的劝阻下，墨索里尼暂时放弃与德国共同冒险的计划，集中兵力对付阿尔巴尼亚。1939年4月，齐亚诺奉命下令武装入侵阿尔巴尼亚。后来，齐亚诺恩威并用，逼阿尔巴尼亚选举团同意把阿尔巴尼亚的王冠授予意大利国王。

第二次世界大战爆发后，围绕意大利参战的问题，法西斯集团多数支持墨索里尼参战，但齐亚诺反对参战，因为意大利还没有做好参战的准备。齐亚诺最终说服了墨索里尼。

1940年6月11日，意大利向法国宣战。齐亚诺以实际行动来表示对墨索里尼的忠心。6月下旬，齐亚诺率部进攻法国，沉重地打击了法军。

随着二战的深入发展，3个原因使齐亚诺的思想出现了深刻的变化。一是作为意大利外长，在频繁的军事谈判活动中，齐亚诺深刻体会到意大利的落后；二是随着意大利的接连惨败，意大利军事、政治、经济上出现了混乱，统治集团的分歧越来越大。国王以及大部分贵族、资产阶级、法西斯党员都开始反对墨索里尼，他们主张摆脱德国，与英美媾和；三是盟军和苏军开始了战略大反攻。

齐亚诺反德的情绪日益高涨，对墨索里尼的政策越来越不满。墨索里尼发现了齐亚诺的变化，于1943年2月解除了他的外长职

意大利外相齐亚诺

务，改任驻罗马教廷大使。1943年7月初，盟军在西西里岛成功登陆，意军土崩瓦解，意大利败局已定，齐亚诺决定推翻墨索里尼的统治。他认为只有推翻了墨索里尼，才能挽救意大利。此时，法西斯党内的一些元老们也想推翻墨索里尼。

齐亚诺伙同包括国王在内的反墨分子们，秘密策划政变。7月25日，国王解除了墨索里尼的全部职务，墨索里尼被捕。希特勒马上决定报复意大利，他最先想到的就是将主谋者齐亚诺逮捕，再想办法救出墨索里尼。当时意大利国王拒绝法西斯元老们进入新内阁，还下令调查齐亚诺等人的贪污案。

★齐亚诺被处决

德国人提出帮助齐亚诺逃亡，以摆脱危难，齐亚诺上当了。德国人把齐亚诺带到德国后，马上把他关进监狱。

1943年10月，齐亚诺被押回意大利，关进维罗纳监狱。齐亚诺希望依靠妻子的影响，与墨索里尼重归于好。墨索里尼使齐亚诺重新成为法西斯共和党的元老，引起了希特勒的愤怒。希特勒把齐亚诺一家都软禁起来。

墨索里尼迟迟不愿惩办背叛法西斯的"叛徒"，尤其是不愿处决齐亚诺，引起了希特勒的疑虑。随着德军的节节败退，墨索里尼的共和国更加岌岌可危。就在希特勒迈入坟墓前，一场蓄谋已久的"复仇运动"在意大利北部开始了。

希特勒逼迫墨索里尼逮捕了那些曾在1943年7月投票反对墨索里尼的法西斯元老们，到1943年底，法西斯匪徒在维罗纳的中世纪城堡里审判了这些反对者，包括齐亚诺在内。这些反对者都被判处死刑。

爱达百般恳求并要挟墨索里尼，但墨索里尼不敢赦免齐亚诺。1944年1月，这批反对者都以叛徒的罪名被法西斯匪徒处决。

关于齐亚诺的死，引起了世界舆论的议论。丘吉尔认为："法西斯帮凶齐亚诺的下场，跟意大利文艺复兴时代的悲剧中的人物一样。墨索里尼屈服于希特勒，只是为人们增添笑料罢了。分崩离析的遗骸——凄凉的法西斯共和国仍在加尔达湖岸勉强苟延残喘着。"

齐亚诺担任外相期间，不但主持外交工作，而且参与党务、内政、军事等方面的重大事务，对这个时期的意大利内政外交和军事

1940年，齐亚诺（左）与德国外长里宾特洛甫会晤，两人坐在车上交谈

十分熟悉。齐亚诺将自己了解的许多情况写在日记里。其中最精彩的部分有战争魔头希特勒的奸诈面目,还描写了墨索里尼在希特勒胜利面前的嫉妒,德意之间的互相算计和狼狈为奸,意大利法西斯党内部的斗争以及意大利国力空虚的事实情况,等等。

齐亚诺日记的目的,本来并不想原封不动地出版,而是想为日后写自传积累资料。因此,他对很多事件没有掩饰就写入日记中。日记的真实性总体上是可靠的,具有极高的历史价值。德国情报人员想尽一切办法得到它,甚至不惜重金收买。

齐亚诺被处决以前,他让妻子爱达把日记藏好。爱达面临把日记偷偷带出意大利的困难,因为她受到严密的监视。法西斯匪徒们正努力防止这些手稿传出意大利。

爱达来到米兰附近赴瑞士的边界旅行,途中,她化妆成一个孕妇,把日记系在带子上,藏在裙里。来到意瑞边界时,她非常害怕。然而,她很幸运,没有被边境检查人员认出来。由于她是"孕妇",还受到了特殊照顾。来到瑞士后,她向瑞士政府申请保护。瑞士政府把她送到伯尔尼附近的一个女修道院。她在女修道院住了几个月,除瑞士政府与她接触外,她从不与外界联系。

当时,芝加哥《每日新闻》报的记者保罗·加利正在瑞士采访,他听说爱达逃到瑞士的消息。在爱达从女修道院转到一所疗养院以后,保罗与爱达取得了联系。爱达向他诉说了把日记带出意大利的经历。经过多次协商,保罗代表《每日新闻》与爱达达成了交易,取得在该报连载《齐亚诺日记》的版权。

第二次世界大战结束后,《齐亚诺日记》得以出版,成为研究二战历史的重要史料。齐亚诺的一生是一场悲剧。齐亚诺生前没干

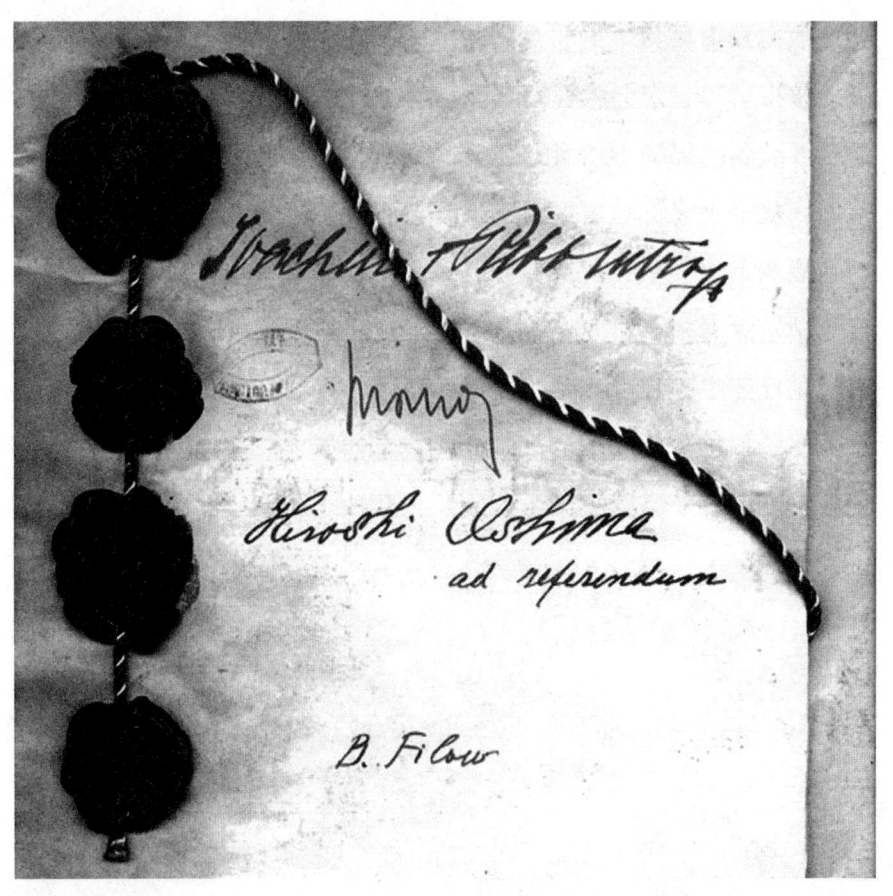

1941年1月3日，里宾特洛甫、齐亚诺、日本驻德国大使大岛浩、保加利亚首相博格丹·菲洛夫等共同签署的保加利亚进入轴心国同盟的正式文件

过什么好事，是墨索里尼的心腹。但在一些重大问题上，他与墨索里尼持有不同的政见。他留给后人最有价值的是日记，他生动地记录了意大利的法西斯党的历史，记录了法西斯的"胜利"，也记录了法西斯的惨败，为后人研究第二次世界大战、墨索里尼及意大利提供了真实的材料。

对于无数真正相信墨索里尼是意大利救世主的意大利人来讲，

如果他们知道墨索里尼非常亲密地向齐亚诺所吐露的对意大利人的极端蔑视后，一定会感到很意外。墨索里尼对齐亚诺说："意大利人是一群软弱的绵羊。18年也无法改变他们……我要让他们学会遵守秩序，从早到晚都穿着军装……要让意大利民族伟大，必须将他们送到战场上，甚至非臭骂他们一顿不可，非打他们一顿不可。我就是要激发意大利人那失去了千年的勇敢精神。"

在日记中刻画得最鲜明的是齐亚诺本人。其实意大利政府仅仅是个文雅的称号，其成员都是大独裁者的奴才。齐亚诺完全听命于大独裁者。齐亚诺既缺乏个人威严，又缺乏胆略。大独裁者墨索里

一群正在休息的意军士兵

尼的意志就是法律,尽管法西斯元老们知道墨索里尼刚愎自用,太愚昧无知了,太盲目武断了。但在当时的意大利,从国王到部长,从将军到大资本家,人们在他面前的确像绵羊一样老实。

《齐亚诺日记》中记载:1939年冬季,罗斯福总统的私人代表萨姆纳·威尔斯,前去走访英国、德国、意大利的首都,以便向罗斯福报告欧洲的局势。在罗马访问期间,萨姆纳·威尔斯与齐亚诺大量接触。年轻的齐亚诺的风度和他对国际问题的看法,给萨姆纳·威尔斯留下了极深的印象。那时,战争笼罩着欧洲,德国疯狂地侵略扩张,意大利政府正在加紧备战。然而,在意大利,除了极少数法西斯元老以外,全国人民和一切势力,包括意大利陆海空三军,几乎都反对参战。

意大利人对德国及其希特勒政府普遍感到恐惧,他们普遍相信,不论意大利与英法两国的矛盾有多大,如果与英法结盟,意大利的前途比追随德国更安全。意大利人担心德国把意大利当成炮灰。意大利人民反对战争,因为这场战争的胜负无法预料,参加大战的代价太高了,不管谁胜谁负,意大利人民都有可能丧失一切。

在意大利政府拥有极高权力的人物中,只有齐亚诺毫不犹豫地向萨姆纳·威尔斯表明:他过去反对参加大战,还将继续反对战争。齐亚诺认为扩大大战会使欧洲没落,会使意大利破产。齐亚诺所能做的就是努力阻止意大利参战。

然而,就像绝大部分意大利人的反战一样,齐亚诺的努力也失败了。大独裁者墨索里尼做出决定,把意大利投入这场大战。结果,二战的规模更大了,既给别国造成了悲剧,也使意大利人继续蒙受悲惨的苦难。在那些黑暗的日子里,只有意大利共产党在极端残酷的条件下坚持斗争，意大利人都屈服于墨索里尼，因而墨索里尼几乎控制了意大利生活的所有领域。由于法西斯主义的泛滥，意大利社会体系从上到下腐败成风。

齐亚诺生活在人类历史上最黑暗最颓废的一段时期，他是这一时期道德沦丧的产物。他认为，人类社会中不存在任何道义。但他与墨索里尼相比，他的明智之处是他看到了意大利的落后、德国的傲慢自大和盟国的强大。

从德国吞并奥地利起，齐亚诺就认为德国的扩张一定会给意大利带来危险。他在日记中多次写道，他相信如果德国称霸世界，德国一定会夺取意大利的里雅斯特，并霸占意大利北部平原。作为意大利的一位政治家，齐亚诺对许多问题有自己的主张。但在墨索里尼面前，他很少坚持自己的主张。

盟军登陆西西里岛后，他清醒地认识到：德国统治下的欧洲人民将遭受更大的战争灾难，他对此没有任何怀疑。他被关进监狱后，认为只有推翻希特勒政府，世界才能恢复秩序，意大利才能作为主权国家生存下去。

显然，齐亚诺无法改变墨索里尼所遵循的亲德政策。他多次向墨索里尼提出要戒备希特勒的野心。他为了使意大利与西方盟国改善关系而做出很多努力，但他的忠告或努力都徒劳无益。

关于齐亚诺留给后人的日记，西方史学家们认为是"当代最有价值的历史文献之一"。《齐亚诺日记》约有 40 多万字，是齐亚诺在第二次世界大战爆发前和战争前期记下的，前后约 5 年左右。齐亚诺的日记所记的，大部分是外交、政治和军事方面的内容，很少描写个人生活。仅有的一点描写个人生活的内容也带有浓重的政治

1939年，英国首相张伯伦再次来到意大利劝解墨索里尼。图为齐亚诺（左）及墨索里尼（中）在火车站迎接张伯伦一行（右）

色彩。

《齐亚诺日记》对西方的绥靖主义也进行了揭露。1939年，就在希特勒向张伯伦保证"不欲夺取捷克一寸土地"时，德军已经踏进波希米亚。随后，德军吞并了整个捷克斯洛伐克。

在德国入侵波兰的前夕，齐亚诺向德国外长里宾特洛甫询问："你们想干什么？是想要波兰走廊还是但泽？"里宾特洛甫目露凶光，对齐亚诺说："那么一点东西怎么行，我们要与意大利分享整个世界！"

墨索里尼的野心丝毫不亚于希特勒，他的野心是把整个地中海变成"新罗马帝国"的内陆湖。捷克斯洛伐克灭亡不到一个月，意大利就吞并了阿尔巴尼亚。一年后，意大利入侵希腊，还想霸占南斯拉夫的克罗地亚。希特勒和墨索里尼都崇信优胜劣汰的理论："谁惧怕战争，谁就理应交出生存空间。"

《齐亚诺日记》记下了两位战争魔头的咆哮声，墨索里尼和希特勒已经达成一致，即使与全世界为敌，他们也会进攻。

通过《齐亚诺日记》，人们还能发现英国首相张伯伦的绥靖主

意大利菲亚特 G.55 半人马座战斗机飞行员正在进行起飞前的准备

义给欧洲人民带来的灾难。慕尼黑会议结束后，墨索里尼以嘲弄的口吻多次与齐亚诺谈起英国的软弱无能。英国的绥靖政策助长了德意的侵略野心。1939年1月11日，张伯伦又来到意大利争取和平。齐亚诺在日记中写道："领袖和我都相信张伯伦此行毫无意义。我们这些乡下人与英国老爷们相距甚远，就像天堂与地狱一样。凭什么要穷困的意大利放弃战争，凭什么继续让腐朽的英国统治世界？"

墨索里尼说："像张伯伦这样的人与英国的弗朗西斯·德雷克等伟大冒险家并不相同，说到底，他们只是富豪世家的软弱子孙，他们会把大英帝国败掉的。"意大利吞并阿尔巴尼亚时，英法两国的反应并不强烈。齐亚诺在日记里写道：领袖非常高兴，因为国联几乎没有任何反应。

齐亚诺在日记中以大量的篇幅记录了德意相互勾结的事情，暴露了两个"强盗"因分赃不均而互相倾轧的内幕。比如，在慕尼黑会议期间，英法两国作了让步，满足了希特勒的扩张野心。墨索里尼感到很尴尬，认为自己只是个配角。

意大利的上阿迪杰住着德意志少数民族，根据两国协议，德国应该撤走这些人。但德国却百般刁难，最后墨索里尼甚至扬言要向德国发动战争，德国只好按协议从事。

一次，德国人竟开口索要意大利唯一的镍矿洛克里斯矿。齐亚诺在会议上说："德国人的所作所为，就像盗匪一样。对此，我们还要忍受多久呢？"

德国准备入侵苏联时，齐亚诺去会晤里宾特洛甫，里宾特洛甫突然变得和善起来，非常热情。齐亚诺感到震惊，心想："当意大利受到超乎寻常的接待时，德国人一定正准备欺骗我们，或者我们已经受了他们的骗。"

但当齐亚诺向里宾特洛甫询问德国是否会进攻苏联时，里宾特洛甫却不肯吐露真情："我不能告诉你什么，因为每项决定都紧锁在元首的心中。但有一点却是无疑的：如果我们进攻，斯大林政府将在一周内消失！"

1943年12月23日，齐亚诺在绝笔书中写道："几天内，特别法庭将公布判决。这是墨索里尼在希特勒的影响下早就做出的判决。这些年来，德国人像瘟疫一样危害意大利的政治生活，并把意大利引向战争的深渊……在几个月的囚禁期间，我受到惨无人道的待遇……当我哀伤时，我的爱妻以事实表明她是我忠实的伴侣……安宁正向着我的灵魂降临……"

尽管墨索里尼根据希特勒的旨意处决了齐亚诺，但德意法西斯在意大利战场上接连崩溃的现实并未因此得到任何改善。

安齐奥的"屠宰场"

1943年底，在意大利南部，德军始终坚守着古斯塔夫防线。大名鼎鼎的古斯塔夫防线上建有无数坚固的混凝土工事，布设大量地雷，加上十分险峻的地形，易守难攻。

古斯塔夫防线从那不勒斯北面的地中海边起，经过埃塔、卡西诺山一直到亚得里亚海岸的奥尔托纳，横贯整个意大利中部。

古斯塔夫防线的中枢防御部和制高点为卡西诺山，卡西诺山上建有一座卡西诺小城。卡西诺城西不足1公里处是海拔518米的卡西诺峰。卡西诺峰顶部建有一座修道院，意大利人称它为卡西诺修道院。

卡西诺山是德军古斯塔夫防线最重要的部位，卡西诺山西北161公里处就是意大利首都罗马。卡西诺山附近都是意大利乡村，那里的利里河谷是盟军进军罗马的必经之路。6号公路穿越利里河谷，通往罗马。

卡西诺山还连接着许多高地和山峰。比如，卡瓦里山、汉格曼山和蛇头山，这些山都是盟军必须进攻的地方。德军在卡西诺山构筑了坚固的防御阵地，阵地都在岩石的后边。炮兵观测点建在山下，德军火炮可以直接瞄准所有周围地区射击，就是说德军第七十一迫击炮团可以炮击卡西诺山附近的任何目标。修道院下边有一个山洞被改建为德军的弹药库。

德军想凭借古斯塔夫防线阻挡盟军进军罗马和意大利北部，以

意大利难民逃离防线地区

保障欧洲南翼的安全。驻守古斯塔夫防线的德军是C集团军群的第十集团军，由山黑廷霍夫将军率领，第十集团军拥有15个师的兵力。C集团军群的第十四集团军驻守意大利北部，下辖8个师，负责镇压北部的意大利游击队。C集团军群约有370架飞机。

1944年初，盟军第十五集团军群下辖美军第五集团军、英军第八集团军和英军独立第五军，由亚历山大率领，拥有19个师又4个旅，拥有绝对制海权，并得到近4000架飞机的支援。包括印度、法国、意大利、新西兰、英国和美国等国的部队，正源源不断地补充到第十五集团军群之中。

早在1943年11月，亚历山大就制定了代号为"鹅卵石"的战役计划，准备投入一个师在古斯塔夫防线北面的安齐奥登陆，帮助正面盟军突破防线。盟军12月初对古斯塔夫防线发动的两次进攻都失败了。美军第五集团军司令克拉克建议取消"鹅卵石"计划，亚历山大同意了。

丘吉尔认为盟军在地中海地区拥有海陆空优势，而诺曼底登陆要到1944年6月才能发动，他不想浪费半年的时间，因此强烈要求盟军地中海部队进攻罗马，解放意大利。他跟艾森豪威尔、亚历

为了使海滩出口的道路方便重型车辆行驶和军队快速集结，美军在沿途加速修路

山大、坎宁安等人商议，就这样已经被取消的"鹅卵石"又提了出来。在丘吉尔的强烈要求下，该计划的兵力从一个师增至两个师。丘吉尔认为该计划是一只"野猫"，将要撕开古斯塔夫防线柔软的下腹部，一举抓碎防线！

当时，盟军地中海战区没有能够运输两个师的登陆舰船，因为大部分舰船都被调到英国，登陆船只是"鹅卵石"计划面临的一大难题，而且"鹅卵石"战役准备是绝对不能影响诺曼底战役准备的。

英美联合参谋长委员会认真研究了登陆舰船的使用问题，丘吉尔就此事与罗斯福商量。在丘吉尔的再三请求下，罗斯福被迫同意。不久，盟军推迟了56艘登陆舰调离地中海战区的时间。这样，盟军终于拼凑了87艘登陆舰。56艘登陆舰只能供地中海部队用两天，随后调往英国备战。丘吉尔接受了苛刻的条件。

1944年1月8日，英美联合参谋长委员会批准了"鹅卵石"计划，以两个师的兵力在安齐奥抢滩登陆。

安齐奥是一个小渔港，它在古斯塔夫防线北面100公里、罗马南面45公里处。在二战以前，安齐奥海滩是意大利的休假胜地，沙滩松软，沙滩附近的树木茂盛，景色优美。

战役总指挥是刚刚上任的地中海战区司令坎宁安海军上将。登陆部队是美军第五集团军第六军，军长卢卡斯负责此次战役的地面作战。第六军下辖美军第三步兵师和英军第一步兵师、1个伞兵团和5个海军陆战营，约5万人。特拉斯科特是美军第三步兵师的师长，彭尼是英军第一步兵师的师长。

海军由美海军少将洛里指挥，由共150多艘登陆舰船和126艘

第四章 挺进罗马

美军士兵跳下登陆艇,趟水向岸边奔去

军舰组成,编为两个编队。

南部登陆编队由洛里兼任司令,由 51 艘运输船、5 艘登陆舰、4 艘火炮登陆艇、34 艘步兵登陆舰、33 艘辅助舰艇和 1 艘潜艇组成,护航舰由 2 艘巡洋舰、11 艘驱逐舰、1 艘防空舰、2 艘护卫舰、2 艘炮艇和 23 艘扫雷艇组成。南部登陆编队运送美军第三师在南部滩头登陆。

北部登陆编队由英海军少将特鲁布里担任司令，由5艘坦克登陆艇、4艘火炮登陆艇、32艘步兵登陆舰、16艘坦克登陆舰、1艘火箭炮登陆艇、30艘辅助舰艇和1艘潜艇组成，护航军舰为2艘巡洋舰、12艘驱逐舰、1艘防空舰和16艘扫雷艇。北部登陆编队运送英军第一师在北部滩头登陆。

盟军出动700架飞机支援登陆。另外，美军第四十五步兵师和第一装甲师、英军第五十六步兵师作为第二梯队登陆。

德军在安齐奥地区只有一个工兵营，战斗力很低。甚至在盟军登陆前几小时，德军取消了工兵营的戒备状态。但凯塞林做了必要的预防措施，制定了详尽的机动方案，在意大利北部甚至德国的预备队，能够根据机动方案快速南下增援安齐奥。所有冰封的道路都事先进行了整修，以保证通过大批部队。凯塞林在某些偏僻的叉路上，还秘密地设立了许多隐蔽的补给仓库。

与丘吉尔不同的是，美军第五集团军司令克拉克和第六军军长卢卡斯非常担忧，两人经历了萨勒诺的激战后，对德军的战斗力感到震惊。两人不相信英国情报人员所说的德军主力都集中在古斯塔夫防线，认为这是丘吉尔用来鼓励美军的鬼把戏。两人一想到56艘登陆舰在部队上岸两天后就调到英国，更感到心寒。

在登陆战中，登陆舰的作用往往很大。盟军好不容易拼凑的87艘登陆舰中，只有14艘可以携带登陆艇，剩下的73艘只能推带两栖车。两栖车的航速慢，载重较小，适航性很差，驾驶人员又缺乏经验。在1944年1月17日的登陆演习中，竟有40辆两栖车翻船，淹死好多人，还丢失了10门火炮。

克拉克给卢卡斯的命令是在牢牢占领安齐奥及其附近地区后，

第四章 挺进罗马

美军登陆安齐奥，士兵拉着白色绳子限定车辆的行驶范围

向阿尔班山推进，不要孤军深入，免得全军覆灭。临行前，克拉克特意叮嘱卢卡斯，千万不能梦想占领罗马，守好就行。第五集团军作战部长布莱恩命令卢卡斯，第六军上岸后可以根据现实情况修改作战计划，千万要注意保存实力。

卢卡斯很悲观，他在日记中多次谈到对登陆作战的恐惧，认为丘吉尔是个冒险家。他害怕像第一次世界大战时英军在加里波利登陆战那样全军覆灭。那场伤亡惨重的登陆战也是由丘吉尔策划的，当时丘吉尔是英国海军大臣，与现在的情况简直太相像了！卢卡斯的好友巴顿将军也对安齐奥登陆战表示忧虑，这更加深了卢卡斯对登陆战的恐惧。

1944年1月17日，古斯塔夫防线正面的美第五集团军和英第八集团军发动了大规模进攻，企图取得突破，至少做到吸引德军的兵力，使德军无力增援安齐奥。同时，美第六军登船。

1月21日下午，登陆部队3.6万人、大量装备和补给，分乘253艘舰船从那不勒斯港出发。为了欺骗德军，舰队从卡普里岛朝南驶去，直至天黑后，向安齐奥驶去。

午夜前后，登陆船队到达换乘海域，立即换乘登陆艇等登陆工具冲向海滩。盟军吸取了萨勒诺登陆战的惨痛教训，在登陆艇的艇首加装了大量火箭炮，猛烈地轰击登陆海滩。

1月22日2时，盟军第一批登陆部队成功上岸。德军工兵大部分被俘虏，很多德国士兵在被俘时还在睡觉。上午8时，盟军控制了安齐奥镇，继续推进，攻下预定目标。美第三师的先头部队推进到墨索里尼运河，英第一师的先头部队推进到莫莱塔河河口。至晚22时，3.6万人的登陆部队和3000辆车辆终于全部上岸，在海滩上围起长15公里的环形阵地。德军只派几架飞机前来空袭，盟军损失很小。

距离海滩24公里远的阿尔班山和山脚下通向罗马的6号、7号公路，只有德军的几个哨所。盟军可以轻易占领罗马，但卢卡斯担心这是个圈套，只要盟军没有从正面突破古斯塔夫防线，第六军就决不向前推进。他下令继续加强防御，巩固登陆场。

凯塞林听说盟军在安齐奥登陆后，急出了冷汗，古斯塔夫防线将被盟军合围！因为这时从安齐奥至罗马没有一兵一卒。但出乎他意料的是，盟军竟在海滩不动弹。他赶紧根据事先制定的机动方案调兵。

第四章 挺进罗马

德军在安齐奥修建的几种防御工事

1月23日，拼命赶来的德军先头部队占领咽喉要地阿尔班山，所有通往北部的公路都被德军控制。德军第十四集团军司令冯·马肯森赶到后，亲自指挥前线战斗。凯塞林从第十集团军、第十四集团军紧急抽调的8个师的先头部队陆续到达，迅速建立新防线。

傍晚，凯塞林出动了大批飞机，炸沉了盟军1艘驱逐舰，德军使用了无线电遥控滑翔炸弹。盟军对滑翔炸弹的无线电遥控频率进行干扰，使其坠海。

1月29日，德军飞机又来空袭，盟军有巡洋舰、驱逐舰、运输船和医疗船各1艘被炸沉,两艘驱逐舰和1艘坦克登陆舰被炸伤。另外,盟军还有登陆舰、扫雷舰、步兵登陆艇、扫雷艇触雷沉没,防空舰和驱逐舰各1艘触雷受伤。

滩头上的盟军感到很紧张,美第三师师长特拉斯科特和英第一师师长彭尼心急如焚,强烈要求出战。亚历山大和丘吉尔先后来电质问卢卡斯,为什么不抢占阿尔班山?这时,卢卡斯顶住了上下的压力,仍不想向纵深推进。他考虑到滩头阵地太小,决定扩大一下。不久,美第三师奉命进攻奇斯泰尔纳镇,英第一师奉命进攻卡姆波莱奥火车站。

奇斯泰尔纳镇在蓬廷沼泽的边缘,7号公路和那不勒斯-罗马的铁路都从这里经过。卡姆波莱奥火车站建在安齐奥通往阿尔班山脚下阿尔巴诺镇的公路旁。奇斯泰尔纳镇和阿尔班诺镇都是安齐奥地区的交通要道,战略要地。

美第三师在攻打奇斯泰尔纳镇时遭到德军的猛烈反击,双方反复争夺每条田埂和每间房屋。特拉斯科特发现正面进攻十分困难,便投入最精锐的陆军别动队实施渗透穿插。陆军别动队擅打硬仗恶仗。他们将在晚上穿越德军防线,奇袭奇斯泰尔纳镇。

晚上,陆军别动队从潘塔诺壕沟秘密向前爬行,在距离镇中心800米处,一跃而起,冲向附近的房屋。德军的炮火雨点般射来。原来,德军早就发现他们,等着他们爬出壕沟,再用密集的炮火轰击。陆军别动队落入敌人的陷阱,767人中只有6人逃了回来。特拉斯科策划的奇袭以惨败告终。

此时,英第一师派出了侦察小分队,沿阿尔巴诺镇的公路前进,一直搜索了近5公里。侦察小分队突然遭到了来自卡罗切托村的一处有红围墙的大型建筑物的德军火力扫射。这座大型建筑物属于大型居住点，是意大利给开垦沼泽地的农民们修筑的。它是阿尔巴诺镇的至高点，控制着附近的平原，成为双方必争的要地。

英第一师师长彭尼得到侦察小分队的报告后，得知德军集结的速度很快，决定赶在德军大部队到来以前，尽早占领大型建筑物和卡姆波莱奥火车站。

美军士兵向德军防线进攻

图说 二战战役 西西里大反攻

1月26日凌晨，英军发动了进攻。德军在大型建筑物里拼命反抗，并在凶猛的炮火支援下组织了反攻。双方展开了激烈的争夺战，英军逐一争夺每座房屋，付出了较大伤亡的代价。最终，英军以惨重的代价占领了该大型建筑物。

特拉斯科特和彭尼都认为情况紧急，再三请求卢卡斯趁德军大部队还没有到来之前发动总攻。丘吉尔、亚历山大也向第五集团军司令克拉克施压。1月28日，克拉克乘坐鱼雷艇赶到安齐奥，催促卢卡斯发动总攻。

美军士兵正在搜寻德军残部

第四章 挺进罗马

1月28日,盟军第二梯队美第一装甲师和第四十五步兵师先后登陆。盟军在安齐奥地区的兵力达到6.8万人,有500门火炮和250辆谢尔曼坦克。卢卡斯的实力大增,决定马上发起总攻。当时,德军已经重兵严阵以待,凯塞林甚至确定了反攻的时间表。

1月30日,卢卡斯终于发动了总攻,左翼英第一师和美第一装甲师主攻卡姆波莱奥火车站,右翼美第三师和第四十五师辅攻奇斯泰尔纳镇。

2月1日,右翼美军损失惨重,就地转入防御。

左翼盟军所处的地形十分狭窄,为了展开兵力,英军第一师出动爱尔兰禁卫营和苏格兰禁卫营,进攻开阔地带。德军的火力十分密集,英军不顾伤亡,以巨大的代价占领了开阔地带。这时,英军从海滩向内陆已经推进了20公里,像一把尖刀深深插入德军防线。

最前面的英格兰希罗普郡营攻下了阿尔班山的第一面山坡。附近的德军兵力不断加强,英军请求美第一装甲师增援,但那里到处是深沟高壑,坦克无法行驶,唯一可用的道路是通向阿尔巴诺镇的公路。

在公路上,德军设置了许多障碍,盟军处于德军炮火的射程内。如果美第一装甲师进攻的话,必然受到重创。因此,英军第一师需要为坦克扫清障碍。负责清障任务的是英军舍伍德山地营,该营通过英格兰希罗普郡营的阵地,冲向火车站。

舍伍德山地营艰难地突破了德军火炮、机枪和冲锋枪组成的火力网,从山坡上向下冲到罗马-那不勒斯的铁路旁。但该营无法冲过铁轨占领对面的火车站,因为那里地形太恶劣了,铁道两边是悬崖,铁道正好建在低洼地上。舍伍德山地营陷入了致命的屠宰场。

英军士兵就像射击靶一样，被两边山崖上的德军成片成排地扫倒。

美第一装甲师的一个坦克营竭力救援，但失败了。舍伍德山地营只有8名军官和250名士兵逃生。

盟军的进攻伤亡惨重，没有任何收获，士气受到严重影响，突袭战几乎变成全军覆没的垂死之战。盟军被德军包围在宽不足25公里，纵深不足25公里的海滩上。

2月3日，德军向英军阵地发动了反攻。英第一师第三旅遭到了德军的疯狂攻击，德军炮兵十分猛烈，德军坦克穿插迂回，德军步兵把英第一师第三旅分割包围。

盟军士兵向修道院废墟内的德军防御阵地发动大规模进攻

第四章 挺进罗马

由于几天来总是下大雨，加上海滩上空硝烟弥漫，盟军空军无法支援，英军被德军杀得损失惨重。彭尼连忙向卢卡斯求援，但卢卡斯却命令他撤退。然而这时候撤退无异于自杀。后来，英军第一六八步兵旅和第一特勤大队约1800人登陆。另外，盟军的多支增援部队正火速赶来。第一六八旅正在古斯塔夫防线血战，被紧急调来救援。在美军坦克的救援下，英军第一六八旅全力救援，英军第三旅终于击退了德军。

就这样，英军以惨重代价所占领的楔形阵地丢失了。英军第一师退守大型建筑物、马莱塔河和墨索里尼运河一带。卢卡斯担心被德军全歼，急忙在英军第一师后面5公里处建立最后防线。

2月7日，德军向卡罗切托河的渡口发动两翼攻势，英军第一师拼命死守，艰难地守卫着渡口。德军占领战略要地布翁里波索山，这个高地的德军炮火能够威胁通向阿尔巴诺镇的公路。幸运的是英军守住了山下的阵地。

2月8日，连日血战的英军第一师投入预备队反攻布翁里波索山的德军，双方激战一天。英第一师投入反攻的部队几乎全部阵亡，于傍晚停止进攻，并向卡罗切托河的渡口撤退。

晚上，德军在炮兵部队的掩护下，发动了总攻。英军第一师的实力已经大不如前，其防线很快被德军突破。德军潮水般涌向大型建筑物，双方争夺着每一间房屋，展开了激烈的巷战。

海上的盟军军舰疯狂地轰击德军，但仍未阻止住德军的攻势。2月9日凌晨，德军终于占领了成为一片废墟的大型建筑物。随着英军的不断后退，盟军的态势更加危急。天亮后，德军集结主力继续进攻。

2月10日，德军攻下英军苏格兰禁卫营防守的卡罗切托村。英第一师残部退守卡罗切托河岸大堤。由于大型建筑物的失守，海滩上的盟军有全军覆灭的危险，卢卡斯决定投入最后的预备队——两个步兵营和两个坦克连。

2月11日，盟军发动了反攻，但未能击退德军。尽管盟军伤亡惨重，但在安齐奥海滩上已达到十几万人。盟军挤在狭窄的海滩上，每天遭到德军密集的炮火轰击。经过几年战火考验的盟军没有像战争初期那样一触即降，而是拼死反抗。

安齐奥正值雨季，多日来连降大雨，泥泞的盟军阵地上尸横遍野，血流成河，像个大屠宰场。

2月14日，盟军第十五集团军群司令亚历山大火速赶到安齐奥滩头阵地，在视察阵地后，立即召开了记者招待会。他向记者们保证，绝对不会再有第二个敦刻尔克！

然而，盟军从地中海抽调不出更多的船只，即便有船，狭小的滩头也容纳不下更多的部队。因此，亚历山大唯一能做的就是命令盟军主力全线猛攻古斯塔夫防线，企图逼德军从安齐奥地区抽调部队南下，以减轻滩头部队的压力。

亚历山大感到很难堪，这次登陆具有讽刺意味，本来想解决无法突破古斯塔夫防线的难题，现在正面的盟军反倒要救援登陆部队。

2月15日，英军第八集团军猛攻古斯塔夫防线的中枢卡西诺山。英军最精锐的廓尔喀部队一度冲上卡西诺修道院，但很快就被德军赶下来。英军3次强攻，均没有成功。亚历山大认为这个古老的修道院是德军炮兵的观察哨。事实上，凯塞林在建立防线时就严禁德军进入修道院，并没有把它纳入防御体系。凯塞林为修道院外面派了哨兵，修道院的珍贵文物均被移交给梵蒂冈的教皇。

亚历山大认为那座修道院太重要了，派近300架次重型轰炸机，向有着近千年历史的修道院投掷了453吨炸弹，使其永远消失。凯塞林感到松了一口气，立即派部队修建坚固的地下室，以成为最好的炮兵观察所。

★安齐奥战事对德国的意义

此时，希特勒对安齐奥的战事感到很兴奋。近一年多以来，德军在所有战场上连续败退，正需要一场胜利重新激起德国人的士气。如果德军能在安齐奥取得大捷，一定对英美即将发动的法国登陆产生严重影响，迫使英美推迟登陆。这样就能为德国赢得宝贵的时间，先集中兵力打垮苏联，再对付英美。

因此，安齐奥对双方均具有重大的战略意义。希特勒下令不管伤亡多少，也要取得安齐奥的胜利。为了鼓舞士气，德国通过无线电广播、阵地广播和广散传单等手段，宣称安齐奥会变成"敦刻尔克"，同时竭力挑拨英美军队之间的矛盾。

根据希特勒的命令，德军不顾盟军海空军的火力封锁，不断向安齐奥增兵。在安齐奥海滩周围，德军终于集结了3个步兵师、两个装甲师、两个摩托化师和一个空降师，兵力为12.5万人，第一次超过了盟军兵力。

一战式的堑壕战

1944年2月16日6时，安齐奥的德军发动了全线反攻。首先是德军炮兵猛烈的炮击，盟军炮兵随即反击，双方展开了激烈的炮战。德军步兵在烟雾的掩护下进攻，小群德军坦克支援步兵，德军撕开了盟军的防线，调来装甲部队从安齐奥-阿尔巴诺的公路发动强攻，企图插入海边，把盟军分割并赶下大海。

这一次，德军使用了秘密武器——280毫米口径的K5列车炮，重达218吨，发射特种榴弹时，射程为62公里，威力非常大。

针对德军的主攻方向，卢卡斯调整了兵力部署，把英第一师调到离安齐奥10公里，离大型建筑物4公里的公路、铁路、立交桥处休息。他把英军第五十六步兵师第一六九旅和美军第四十五步兵师第一五七团部署在公路左边；美军第四十五步兵师第一七九团和第一八〇团部署在公路右边；美军第三步兵师部署在奇斯泰尔纳镇。

德军主攻美军第一七九团的阵地，德军步兵潮水般攻来，根本不顾伤亡，一味死冲。美军躲在乡村房屋和野战工事里，凭借先进的装备阻击德军。由于德军的攻势一波接着一波，几乎没有中断，导致美军的阵地先后失守。

这时，德军很可能突破整个防线，进攻海滩。此时，盟军在海滩上的炮兵和海上的舰队全部开炮，密集的炮火呼啸而来，完全覆盖了德军的攻击队形，德军先头团伤亡过半。逃回阵地的德军被如此猛烈的炮火吓坏了，再也不肯进攻！

直至傍晚，盟军炮兵和舰队仍然控制着阵地。晚上，德军向美军一五七团和一七九团的结合部发动了夜袭，在美军防线上打开了一个缺口。

2月17日拂晓，德军在空军的支援下发动大规模攻势，努力扩大晚上撕开的缺口，最后在盟军防线上打开一个宽约3公里的缺口。接下来德军准备用装甲部队从该缺口突击。但3公里的宽度显然太窄，因此德军步兵集中兵力向缺口两侧进攻。盟军在缺口两侧阵地上的部队并未崩溃，继续坚持作战，使德军无法扩大缺口。

美军运送物资的卡车被卸载在安齐奥港口

卢卡斯立即向克拉克报告，请求空军支援。克拉克说服了地中海战区的战略空军暂停对德军的轰炸，把所有飞机都派往安齐奥作战。

2月17日，在意大利南部正面战场上，经过长达5个小时的猛烈炮击，盟军消耗炮弹达5万多发。英军强攻卡西诺峰失败。凯塞林十分关注安齐奥战事，没从安齐奥调走一兵一卒。亚历山大的计划又失败了。

在安齐奥地区，激战仍在进行。由于白天盟军轰炸机和舰炮的火力太猛了，德军十分被动。晚上，德军发挥其擅长的穿插迂回战术，向盟军防线渗透。盟军部队陷入各自为战的局面，德军攻下许多阵地，但盟军仍在顽强抵抗，宁死不退。

2月18日早晨，德军发动了全线进攻。盟军防线早已破碎，许多阵地被德军占领。盟军无法组织完整的防线，德军只需再占领美军一五七团一个连的阵地，向前推进900米，就能推进到英第一师残部坚守的立交桥，那是盟军的最后防线。如果德军占领了立交桥，就可冲到海滩，稳操胜券。

显然混战对德军十分有利，盟军难以发挥装备优势。德军迅速歼灭美军第一五七团一个连，其步兵和坦克一起向立交桥扑来。危急时刻，盟军火炮和舰队的舰炮再次咆哮起来，雨点般的炮弹使立交桥前的开阔地带变成了死亡地带。几千名德军几分钟内被炸得粉碎，后面的德军大部队则无法越过死亡地带。

美军第六军副军长特拉斯科特坚决主张立即发动反攻，彻底摆脱被动挨打的不利局面。他计划派英军第五十六步兵师第一六九旅从立交桥左侧反攻；美军第一装甲师和美军第六摩托化师和第三十步兵师从右边反攻。

盟军准备反攻时,德军投入了最后预备队组织猛攻,盟军死守阵地。双方的官兵成片倒下。海上,盟军舰队发射了两万多发炮弹,继续与海滩上的盟军火炮构成死亡地带!在立交桥下不足千米的死亡地带上,堆满了厚厚的德军尸体。傍晚,德军仍无法突破死亡地带。

盟军集中火炮和舰炮不断地轰击德军进攻的必经之路,伤亡惨重的德军冲进盟军防线,双方在阵地上甚至拼上了刺刀。对于盟军

一辆经过伪装的德军半履带车旁,几名德国伞兵正在休息

来说，已经到了生死时刻。盟军的厨师、司机等勤务人员，以及海滩上开吊车的司机都参加了战斗。

德军也知道没有预备队了，他们拼尽所有力量，作最后的一击。许多地段上的血战之惨烈无法形容。

2月19日天亮后，筋疲力尽的德军开始撤退，胜利与他们擦肩而过。德军伤亡惨重，仍未到达立交桥一线。而在安齐奥海滩，残酷的战斗仍在持续。

盟军乘胜追击，装甲部队引导步兵部队冲出阵地，德军的装备落后，又刚从战斗中撤出，被打得措手不及，全线溃退几公里，才顶住盟军的反攻。

就这样，盟军的安齐奥登陆战成了第一次世界大战式的堑壕战，双方对峙达3个月。其间，德军向盟军坚守的滩头阵地发起连续的进攻，想把盟军赶下大海。同时，德国空军向安齐奥港口进行了狂轰滥炸，想阻止盟军的补给和增援。为减轻安齐奥登陆部队的压力，盟军向卡西诺山发起了轮番猛攻。

3月2日，天空终于放晴，盟军全天出动几百架轰炸机，不断升空前去轰炸和扫射德军，重创了德军。看到无法战胜盟军，德军放弃了进攻。

3月15日至21日，在古斯塔夫防线正面，盟军中以勇猛著称的新西兰军在大批飞机的近距离支援下强攻卡西诺山，仍未攻下。

德军再也禁不起如此大的人员伤亡，凯塞林命令安齐奥的德军不要抱有歼灭盟军的幻想，全面转入防御。

在古斯塔夫防线正面，盟军在500架飞机的支援下，强攻卡西诺山。进攻时盟军发射炮弹19万发，空军投掷炸弹1000多吨，但

第四章 挺进罗马

德军仍然守住了阵地。

1944年3月中旬，美国空军少将艾拉·埃克指挥盟军空降部队，为了支援安齐奥滩头，发动了切断德军补给线的空中阻隔战役。尽管盟军空降部队狠狠地打击了德军，但德军并未撤退。

在安齐奥，丘吉尔寄予厚望的"野猫"未能伸出利爪，反被压缩在狭窄的滩头上。之所以出现这种被动局面，是因为安齐奥离古斯塔夫防线很远，盟军在卡西诺山的进攻对安齐奥滩头的盟军起不

美军士兵在靠近前线的战壕掩体中休息

到支援作用。

事实上，卢卡斯在登陆第一天没有向前推进，贻误了战机。结果，在4个月的滩头混战中，美军伤亡约2.4万人，英军伤亡9203人。

当时，盟国正集中力量准备登陆诺曼底的"霸王"战役，地中海战区难以得到更多部队的增援。在意大利战场，盟军在南部的"古斯塔夫防线"正面转入防御，在北部的安齐奥地区也转入防御。

西线盟军将在6月6日在诺曼底登陆，为了牵制更多的德军，盟国指示意大利战场的盟军加强攻势。因此，亚历山大制定了"王冠"计划。"王冠"计划就是双向进攻，即安齐奥滩头的登陆部队和古斯塔夫防线正面的盟军同时发动一次总攻，目的是突破古斯塔夫防线，再进攻利里盆地。

为了集结进攻兵力，驻扎在意大利亚得里亚海地区的英国第八集团军只留下1个军，其他部队向西进驻卡西诺－利里盆地。

在安齐奥滩头，6个盟军师与5个德国师对峙。4个德国师驻扎在罗马地区。在古斯塔夫防线，6个盟军师与6个德国师对峙。另外，在古斯塔夫防线附近，盟军的12个师部署在卡西诺－加里利亚诺一带。

5月11日晚，在古斯塔夫防线，盟军阵地上火炮林立，炮兵们做好了炮战的准备。"王冠"作战计划开始，盟军2000多门火炮向德军阵地发动了猛烈的轰击，瞬间德军的阵地上冲起滚滚的浓烟。在密集的炮火掩护下，盟军步兵部队在呐喊声中冲向德军阵地。

由于盟军在装备方面处于绝对优势地位，德军防线陷入混乱。除了在卡西诺山的德军仍在坚守阵地外，其他地方的德军已经崩溃。

5月17日晚，在修道院废墟防守的德国伞兵部队撤离阵地。古斯塔夫防线彻底崩溃。5月18日晨，波兰第二军以伤亡约4000人的代价攻下卡西诺山。

由于凯塞林把大量预备队增援南部，在安齐奥滩头的盟军发动反攻的时机成熟。5月22日凌晨，安齐奥的盟军发动了反攻，英军第一师在500门火炮的支援下率先发起佯攻。天亮后，60架盟军轰炸机前来助战，轰炸和扫射德军。

随后，美军第一装甲师、第三、第四十五步兵师猛攻奇斯泰纳尔镇。奇斯泰纳尔镇早被炸成废墟，但德军仍然死守阵地。经过一天的激战，双方均伤亡惨重。美军仅坦克就损失了100多辆。黄昏前，盟军只推进到奇斯泰纳尔镇的铁路线旁，进攻阻力很大。

同一天，在另一个战场上，英军第八集团军的进攻也没有取得太大的进展。美军第五集团军第十一军强渡加里利亚诺河，扑向特拉切纳城。法军正扑向利里河和萨科河。法军和美第五集团军第十一军的攻势严重地威胁着德军主力的安全。

凯塞林连忙把主力撤到恺撒防线，该防线从西海岸台伯河口一直到东海岸的佩斯卡拉，横贯意大利半岛。德军第十集团军边战边退，与部署在恺撒防线的第十四集团军会合。

5月23日，在安齐奥的美第六军又得到1个师的加强，开始突破德军防线。亚历山大希望安齐奥的盟军来一次强有力的突破，一直打到瓦尔蒙托内，切断6号公路，把德军第十集团军歼灭。

5月25日，美第一装甲师和第三步兵师向东北方向推进20公里，占领7号公路东侧的科里，与从南面赶来的美第二军会师。德军"赫尔曼·戈林"师迎头扑来，挡住了美军的攻势。

克拉克亲率第六军攻打罗马，想抢头功。亚历山大呼吁克拉克把切断德国第十集团军的退路作为主要任务。

5月26日,美军第五集团军第十一军与安齐奥的美军第六军在海滨公路会合。这时,盟军几乎对德军第十四、第十集团军形成合围,完全能够围歼德军两个集团军。

然而,美军第五集团军司令克拉克只派美军第三师和美加特别勤务大队去抢占瓦尔蒙托内并封闭6号公路。第六军新任军长特拉斯科特接到命令后感到震惊,因为这样会使围歼德军主力的计划破产,但他只能服从军令。

亚历山大和丘吉尔都对克拉克的做法表示强烈反对,但克拉克对英国人的态度不予理睬,仍然命令第六军主力从7号公路进攻罗马。

行进中的盟军装甲部队

德军统帅部把战略预备队"赫尔曼·戈林"装甲师拨给凯塞林，第十四集团军得到"赫尔曼·戈林"装甲师的支援后，暂时挡住了盟军对恺撒防线的猛攻。盟军在兵力和装备上拥有绝对优势，突破恺撒防线只是时间早晚的事情，所以凯塞林下令撤离恺撒防线。

5月30日，美军第三十六师攻克了7号公路上的阿尔巴恩山区的韦莱特里，趁机突破了恺撒防线。克拉克指挥第五集团军主力发动大规模攻势，沿6号公路进攻罗马。在美军的强大压力下，德军被迫撤离罗马。

整个安齐奥战役，盟军伤亡约4万人，德军伤亡约2万人。盟军终于突破了坚固的古斯塔夫防线，为解放整个意大利奠定了胜利基础。

安齐奥战役历时近5个月，在战役初期，盟军差点被德军赶下大海，几乎到了崩溃的边缘，全靠物资取胜。

★安齐奥战役的历史意义

许多西方军事家和历史学家都认为发动安齐奥登陆战没有太大的军事意义，因为丘吉尔的出发点是不想在近半年的时间里，盟军在地中海战区无所作为，他想通过一场登陆战来吸引德军的兵力。

卢卡斯的指挥不当被许多军事学家认为是安齐奥盟军初期失败的主要原因。不过，英国军事历史学家利德尔·哈特则认为卢卡斯未及时向纵深推进，反而使盟军"趋福避祸"。因为盟军登陆部队只有3.6万人，若留下一部分人防守滩头阵地，主力向纵深发展，以德军的机动速度，很有可能会在纵深将盟军围歼。盟军推进得越深远，遭到歼灭的可能性就越大。

战役中后期，在海滩遭受德军炮火轰击的情况下，盟军海军克服了重重困难，又将4个师约7万人和50万吨战争物资运送上岸，保障了战役的胜利。盟军海军通过多次登陆战，从混乱不堪到训练有素，这些登陆战中积累的经验教训成为诺曼底登陆的宝贵财富。

德军方面，其迅捷的反应无疑是出色的，这也是差点置盟军于死地的主要原因，从中能够看出凯塞林的指挥才能。

由此，盟军联想到即将发起的诺曼底登陆，在法国的德军的战斗力、机动力和通信能力远远超过意大利的德军，而且法国的公路和铁路远远超过意大利。能够想象，盟军在诺曼底登陆会遇到什么情况。盟军充分考虑到这一点，不惜一切代价进行诺曼底登陆的准备工作，使法国的公路和铁路瘫痪。

安齐奥登陆暴露了德军的兵力空虚，使盟军可以采取相应的措施，尤其是精心策划战略欺骗，为诺曼底登陆的成功创造了有利的条件。安齐奥是诺曼底的"试金石"，最终使诺曼底登陆获得成功！

安齐奥战役的胜利意义就是，那些在安齐奥海滩浴血奋战的盟军将士，用他们的生命和鲜血，为诺曼底登陆铺就了胜利的道路。

哥特防线的顽抗

1944年6月2日，凯塞林不愿成为破坏罗马的历史罪人，命令德军撤离罗马。他宣布罗马为不设防城市，德军在撤离罗马市区时，连台伯河上的桥梁都未破坏。

6月4日，克拉克的军队进驻罗马，德军随即开始了全线大撤退。美军受到罗马人民的热烈欢迎，克拉克成为解放罗马的英雄。德军撤到圣马力诺至卡拉拉一带的哥特防线，负隅顽抗。

哥特防线在罗马以北约130公里处，是古代的汉尼拔将军设下最巧妙的陷阱所在地。哥特防线起于比萨，越过佛罗伦萨，延伸至亚得里亚海岸的安科纳。

盟军解放罗马后，继续向意大利北部地区推进。不久，为了支援在法国南部的诺曼底登陆行动，盟军第十五集团军群中的美第六军、法军和70%的空军先后被调走，使第十五集团军群的整体战斗力大大下降。

为了拯救意大利危机，希特勒向意大利增兵4个师和1个重型坦克团。为了稳住防线，凯塞林发动了一系列巧妙的迟滞性反击，挡住了盟军的推进步伐，使盟军停在哥特防线以南地区。

为了早日突破哥特防线，盟军第十五集团军群司令部绞尽脑汁制定了"橄榄"计划。"橄榄"计划的战略意图为：英军第八集团军秘密赶到亚得里亚海边，并在海边地区发动进攻，再向里米尼推进。当德军的兵力集中到亚得里亚海边后，美军第五集团军就在左中防线上发动进攻，目的是占领波伦亚。当德军对美第五集团军的突破做出反应时，英军第八集团军再向前猛攻，占领巴底平原，从而瓦解哥特防线。

8月25日，盟军实施了"橄榄"计划。英军第五军和加拿大第一军向东部沿海地区秘密转移，实现了战役突然性。防守亚得里亚沿海地区的德军2个预备师，战斗力很弱，装备很差。结果，英军第八集团军一下子取得了突破。8月30日，凯塞林调来2个德军师增援。

这时，英军已经向前推进了十几公里。由于兵力严重不足，凯塞林命令所有德军退回哥特防线阵地，从而节省出部分兵力增援亚

三名加拿大步兵准备攻入旁边的房屋

得里亚海地区。

8月30日，在西翼的美军第五集团军和英军第十三军突然发动猛攻，占领了佛罗伦萨以北的焦加山口，突破了凯塞林寄于厚望的哥特防线，继续向博洛尼亚推进。

9月17日，英军第八集团军在亚得里亚海岸的处境日益恶化，因为其当面的德军增至10个师，使英军第八集团军的推进速度大大延缓。加拿大第一军于21日占领里米尼，推进到波河流域三角洲。德军被迫退守马索河防线。

在波河前边的平原上，有13条河流。德军据河防守，使英军第八集团军的推进付出了惨重的代价。很多英军步兵师伤亡惨重，战斗力急剧下降。缓解了英国第八集团军的威胁后，凯塞林从亚得里亚海地区抽调大部分兵力去对付正在推进的美第五集团军。

10月2日，美第五集团军在短暂的休整后，继续沿65号公路上向博洛尼亚推进。克拉克派第二军所有的4个师都投入进攻。德军虽然人数较少，但负隅顽抗，加上后来从海边调来的援军赶到，结果在此后的3个星期中，美军的推进速度几乎每天不超过2公里。

10月27日，美军第五集团军疲惫不堪，只好停下来休整。到10月底，英军第八集团军的推进也停下来，英军只渡过5条河，距离波河还有80公里。

12月，盟军为夺取越冬基地，发动最后一次攻势，推进到腊万纳、法恩扎和维尔加托一带。此时，亚历山大被提升为地中海盟军司令，克拉克被提升为第十五集团军群司令。特拉斯科特升任美军第五集团军司令，麦克里里升任英军第八集团军司令。

德军也出现了人事变动，凯塞林在车祸中受伤，黑廷霍夫继任西南集团军群司令。

　　1945年春，墨索里尼的死期快到了。法西斯垂死前的挣扎是从1月开始的。为了困死德军，盟国空军凭借几十倍的空中优势，对德军的补给线进行了密集而持续的轰炸和扫射。德军最重要的补给线是从维罗纳至布伦纳山口，布伦纳山口过去曾经是希特勒和墨索里尼经常会晤的地方。

　　这条补给线几乎在整个3月份都中断了。其他的补给线也经常被盟军飞机封锁，每次都要被封锁几周。准备调往苏联战场的两个德军师因此而推迟了一个月。

　　从意大利北部战场来看，德军已经奄奄一息，即将灭亡。不过，德军虽然人少，但仍有一定的实力。德军有22个师，意大利有5个师。若不是盟国空军的压倒优势和封锁，本来德意军队还可以在意大利多苟延残喘一阵。他们应该退出意大利北部，退守阿迪杰河防线。在那里，法西斯只要用一支小得多的兵力就能够挡住大量的盟军，或者在蒂罗尔山中的"民族堡垒"南面建立一道屏障。

　　但波河以南的不利局势宣告了德意大难临头。希特勒将对失败负有主要责任，黑廷霍夫曾建议撤退，但受到统帅部的严厉反对："元首所希望的，现在和从前一样，就是保持积极的态度来完成任务，保卫意大利北方的每一寸领土。"

　　希特勒战略指挥上的错误，为盟军尽快解决意大利提供了有利条件。亚历山大想让英军第八集团军首先突破亚得里亚海侧翼的德军，并快速推进到波河，把德军分割包围，切断德军的补给线，从而逼德军投降，否则就地围歼。

　　麦克里里将军的英军第八集团军的具体任务是占领巴斯蒂亚至

阿尔斯塔的道路,那是一条狭窄的通道,通道两边洪水泛滥,它能够通往宽阔地带。当英军的进攻顺手后,特拉斯科特的美军第五集团军应进攻多山的德军中央防线,经过波伦亚的西面推进到波河岸,与英军第八集团军会合,然后一起推进到阿迪杰河一带。

经过一天一夜的大规模空袭和炮轰后,英军于4月9日晚发动了进攻,英第五军和波兰军队率先强渡了塞尼欧河。4月11日,英军推进到下一条河,即桑特尔诺河。英第五十六师的先头部队和突击队突然在德军防线后面3英里的梅纳特登陆,他们是乘坐"水牛"新式两栖坦克登陆的。

4月14日,波兰军队占领了伊莫拉;新西兰师强渡了锡拉罗河;英军第七十八师在向北推进时占领了巴斯蒂亚的大桥,然后与第五十六师共同沿阿尔斯塔公路进攻。意大利的德军和墨索里尼都

美军伞兵沿公路前进

十分清楚，已经到了生死关头，因此驱赶德意部队拼命阻击。

4月14日，美军第五集团军在皮斯托亚－波伦亚公路以西发动大规模进攻。经过一周的激战，在盟国空军的大力支援下，美军终于冲出了山区，突破了波伦亚以西的大道，继续向北进攻。

4月20日，黑廷霍夫不顾希特勒的命令，下令全线撤退。为了欺骗希特勒，黑廷霍夫报告说："我已经决定放弃防守的策略而采用战略机动。"但德军的撤退为时已晚，盟军占领了阿尔斯塔，英军第六装甲师正向费拉拉快速推进。

波伦亚的德军被包围了，波兰军队从东面围攻，美军第三十四师从南面围攻。4月21日，波军占领波伦亚，波军在波伦亚歼灭了著名的德国第一伞兵师。美军第五集团军推进到波河，其右翼部队第五南非师与英军第八集团军的左翼部队胜利会师。德军的补给中断多日，再加上退路被断绝，大批德意军队投降。

盟军强渡波河以后，继续沿着一条广阔的战线上追击德意军队。由于所有的桥梁都被盟军飞机炸毁，渡船和临时浮桥也被炸毁，德意军队遭到盟军飞机的疯狂轰炸和扫射，陷入一片混乱。

意大利游击队趁机出战，向德意军队发起大反攻，先后占领了米兰和威尼斯等多座城市，热那亚的4000守军向意大利游击队投降。

英军第八集团军强渡阿迪杰河，进攻帕多瓦、特雷维佐；美军第五集团军从维罗纳向维琴察和特兰托推进，其左翼部队推进到布里西亚和亚历山大里亚。在意大利北部战场上，随处可见盟军胜利推进的局面。

意大利沿海地区的形势也有利于盟军。早在1月份，意大利游

第四章 挺进罗马

用以阻击德军飞机的盟军高炮阵地

击队占领了斯普利特和扎达尔的港口；这些基地上的意大利海防部队，经常袭扰达尔马提亚海岸的德军，并配合南斯拉夫铁托将军的游击队进行大反攻；仅在4月份，至少有10次海战使德军受到重创，而盟国海军并未受到太大的损失。

在意大利西海岸，盟国海军不断轰炸敌人，击退了德意法西斯海军的小军舰和小潜艇的多次袭扰，扫清了一些港口的水雷，为日后地中海大规模的海上行动创造了有利条件。墨索里尼的残余海军几乎全军覆灭。

面对盟军在各条战线上的全面攻势，墨索里尼的幻想彻底破灭了。他想与英美谈判。早在3月1日，他就派儿子维托里奥·墨索里尼给米兰红衣大主教舒斯特尔捎去口信。但大主教要求有书面信件。3月

盟军布设用以防止德军空袭的拦阻气球

中旬,维托里奥·墨索里尼带着一份谈判文件再次赶到米兰。

墨索里尼在谈判文件中要求向盟军司令部投降,"为使意大利北方人民免遭更多的苦难,保护工农业免遭毁灭……绝不向苏联投降,以挽救意大利免遭共产主义的蹂躏。只要盟国不对法西斯党起诉就行。"墨索里尼还同意解散法西斯党。

红衣大主教向盟国转达了墨索里尼的投降建议。自从被德国人救出来以后,墨索里尼就精神失常了。4月11日,墨索里尼接到梵蒂冈的来信说,盟国拒绝他的投降。墨索里尼感到死期到了。

西方记者伊瓦诺·福萨尼在加尔达湖的小岛上曾采访过墨索里尼,伊瓦诺发现墨索里尼已经快崩溃了。墨索里尼向伊瓦诺谈到意大利的不幸，承认自己犯下了不可饶恕的错误，但墨索里尼指责别人犯的错误更大。墨索里尼认为英法两国"毒辣的对外政策"迫使意大利不得不为自己的利益而战。墨索里尼认为希特勒不听他的劝说，非要入侵苏联，结果导致轴心国的战败。

墨索里尼在采访中以悲伤的口吻说，自从在王宫被捕以来，他一直处于监禁状态。他对命运已经不抱任何幻想，"当获得利益时，意大利人都恭维我，当战败时，人们都背叛我。"

4月13日晚，墨索里尼打起精神，在每天召开的军政例会上说，意大利应在瓦泰利内进行最后的抵抗，他对人们说，"法西斯主义将在那里英勇地倒下"。墨索里尼的讲话几乎遭到全体与会者的反对，尤其是意军总司令格拉齐亚尼。

格拉齐亚尼在头脑冷静下来后，认为在败局已定的情况下，谈判是最有利的。他准备亲自去米兰谈判，打算与意大利游击队或盟国谈判，继续寻求结束战争的办法。

4月27日下午，驻意德军的代表沃尔夫与盟军进行谈判。双方商定于4月29日，在地中海盟军司令部签署无条件投降书。双方计划于5月2日，在意大利的陆地和海上的德军将全部向盟军投降。到时候，意大利战争就结束了。

听说德军已经背着他和盟军达成无条件投降协议时，墨索里尼感到害怕了。他不愿意束手就擒，不想当俘虏。他怀着侥幸的心情逃跑了，幻想到瑞士避难，或者到意大利北方山区打"游击"。

★墨索里尼的末日

墨索里尼和他的死党们来到格朗多拉小镇上的米拉瓦莱旅馆。

他们在这里等待其他死党的到来。除了少数法西斯匪徒在外边放哨外，其他人都躲在屋子里，沮丧地收听盟军的广播。在墨索里尼的随从中，有一个长得漂亮的姑娘叫埃莱娜·库恰蒂，她向墨索里尼建议，骑自行车到科莫打探死党们迟迟未到的原因。

当墨索里尼的情妇贝塔西无意中听到两人在花园里谈话时，拼命地大吵大闹，让人们把埃莱娜·库恰蒂赶走。即使在危难时刻，贝塔西还在争风吃醋。墨索里尼竭力使贝塔西平静下来。贝塔西双脚钩在地毯缝里摔倒了，不停地哭闹。有些死党看到这种情景，悄悄地溜走了，各奔前程。

墨索里尼对德国党卫队保镖比策尔中尉说，留在旅馆里太危险了，他决定立刻去瓦泰利内。途中，墨索里尼一行与在湖边公路的一支法西斯流寇会合。

在这支逃亡的车队里，墨索里尼的轿车走在最前面。车队来到梅纳焦市郊时，墨索里尼问一个行人，这里是否有游击队。行人说："到处都是！"墨索里尼连忙下了轿车，钻进一辆装甲车。

当车队继续向前行驶时，忽然一棵绕有铁丝网的树干挡住了去路，那是游击队设置的路障。游击队员们开枪鸣警，命令车队停下来。很快，游击队员们围了上来。就这样，墨索里尼被捕了。

4月28日拂晓，意大利共产党总部派15名武装人员组成的护送队离开米兰，前去梅纳焦市执行处决法西斯头目的任务。墨索里尼、贝西塔及其15名死党全部被处决。

4月28日晚，他们的尸体被游击队员们装上卡车，运到米兰市，扔在广场上示众。

第四章 挺进罗马

美国克拉克将军

登陆安齐奥的美军

美军 M4 谢尔曼坦克正在行驶

第四章　挺进罗马

待组装的美军 M7 牧师式自行火炮

盟军士兵在掩体后方向德军扫射

第五章

曙光初现

意大利的解放

早在墨索里尼垮台以前的1943年，意大利就出现了很多政党，一些政党恢复了活动，一些政党是新建立的。意大利社会党在法西斯党上台时是左翼的主要政党，它在产业工人中拥有大量的追随者。另外，在意大利北部和中部，大量比较穷苦的农民拥护社会党。

1943年初，行动党建立了，它是以大的学校为基地的知识分子建立的。行动党认为法西斯政府被推翻后，应该通过自由的政府建立一个完全不受旧社会污染的新意大利。

天主教民主党是法西斯上台前的人民党，该党成员信仰天主教，不属于教会。天主教民主党成为解放后的意大利的3大政党之一。

自由党在意大利也有广泛的拥护者。另外，共产党在意大利北方的德占区拥有大量的拥护者，建立了许多游击队。

以上这5个政党，再加上一个在北方的小党劳工民主党，联合组成了联盟。

意大利国王曾坚决主张不让所有政党参加第一届巴多格里奥政府，以巴多格里奥为首的陆军政府拒绝承认任何政党。后来，在盟国的要求下，意大利国王邀请这6个政党参加内阁时，它们拒绝在国王在位时参加内阁。

结果，意大利国王的退位问题，是否取缔君主立宪制的问题，主宰着意大利的国内政治，并在6个政党间形成了巨大的分歧。

1943年，随着流亡人士陆续从欧美回到意大利，一些新的政治人物登上意大利政治舞台。比如，"自由意大利"运动的领袖卡尔洛·斯福扎伯爵。斯福扎在向美国政府申请返回意大利时曾表示，在所有德军被赶出意大利前，他同意支持巴多格里奥的陆军政府。斯福扎途经伦敦的时候，与丘吉尔会谈。在会谈中，丘吉尔相信斯福扎将与巴多格里奥以及国王合作。

但斯福扎回到意大利后，立即拒绝巴多格里奥请他担任外交部长和副首相的建议，接着又拒绝国王请他担任首相的建议。从此，丘吉尔认为斯福扎欺骗了英国，不同意斯福扎担任公职。

意大利国王维托里奥·伊曼纽尔三世，1900年7月29日至1946年5月9日在位

克罗齐和南方的一些反法西斯政治人物的态度是，如果国王退位，并由摄政团以国王6岁的孙子那不勒斯亲王的名义代为执政的话，他们愿意加入新内阁。

美国赞成克罗齐等人的建议，但丘吉尔强烈反对。结果，罗斯福只好妥协，转而支持丘吉尔的建议，即因为国王不愿意退位，巴多格里奥政府应维持到罗马解放。

1944年1月22日，盟军在安齐奥登陆后，美国总统罗斯福向丘吉尔提出建议：阻止意大利国王日后回到罗马执政，战后应该放手让自由派的各种力量建立新政府。而丘吉尔则仍然主张盟国在找到更合适的人选前继续支持意大利国王,他再一次提醒罗斯福应警惕意大利国王的反对派,尤其是警惕斯福扎。

1944年1月28日至29日,意大利的6个政党在巴里召开代表大会。他们公开要求国王退位,呼吁组成新的联合政府,并在战后召开制宪会议。

2月22日,丘吉尔在英国下院公开宣布英国支持意大利国王和巴多格里奥政府,使6党建立自由政府的希望破灭。英国的目的是

1943年9月,意大利巴多格里奥政府代表在盟军起草的停战协定上签字。图为巴多格里奥(前排左一)与艾森豪威尔将军(前排右一)共同出席签字仪式

维持一个亲近西方的意大利政府。

苏联开始干预意大利政治后，英美不得不向苏联做出一些让步。1944年3月3日，美国公开了苏方要求把一些意大利军舰赔偿给苏联的建议，引起了许多意大利人对苏联的仇恨。

苏联政府于1944年3月14日宣布同意与意大利恢复外交关系。3月28日，意大利共产党书记帕尔米罗·陶里亚蒂在莫斯科流亡多年以后，在苏联的支持下回到意大利，此事引起了意大利的政治轰动。

4月1日，意大利共产党提出建议，不管国王是否退位，6党应马上参加政府。在苏联的强烈要求下，英美除了同意外别无选择。4月6日，6党向公众披露了设置副摄政的计划。4月12日，意大利成立副摄政制，自罗马解放之日起生效。4月24日，意大利联合政府成立，巴多格里奥出任首相兼外长。

6月5日，国王把权力移交给王储。由6党组成的民族解放委员会拒绝巴多格里奥的领导，成立一个新的联合政府。劳工民主党领袖伊凡诺耶·博诺米成为新政府首脑。

1944年7月27日，意大利政府颁布一项法令，对以下人员提起公诉：

上层的法西斯分子：对建立和维持法西斯政府、对意大利的参战和战败负有主要责任者；在政治上活跃的法西斯党员，特别是组织过政治恐怖活动，或者犯有罪行而被法西斯政府包庇者；1943年停战协定签署后，仍同德国合作的意大利人。

接下来的几个月中，很多法西斯党员、战犯和与德国合作过的人被提交给意大利高级法院审讯。这些审讯中引起轰动的是对意大利前军事情报局长罗阿塔、前意大利驻柏林大使菲利普·安富索、前阿尔巴尼亚总督弗朗切斯科·亚科莫尼的审讯。

这次审讯是在1945年1月至3月间进行的,几乎法西斯政府的所有成员都被押上了被告席,他们的罪状是发动战争;在西班牙内战中搞恐怖活动;1934年参与杀害南斯拉夫国王亚历山大;谋杀法国外长巴尔图;杀害反法西斯人士卡洛·罗塞利和内洛·罗塞利,等等。

在这次和其他几次审讯中,高级法院判决很多人死刑,很多人被判处长期监禁。

然而,很多被告在意大利北方地区仍然逍遥法外。引起轰动的是,罗阿塔竟在审讯时逃跑了。意大利共产党对此十分不满,要求政府严惩和处决所有的法西斯分子,包括那些曾经支持法西斯政府的大企业家们。大企业家们在墨索里尼执政时大发战争财,现在却摇身一变重新活跃在政治舞台上。

在大审讯期间,意大利人民的情绪非常激动,例如在审讯前罗马警察局长彼特罗·卡鲁索时,闹事的意大利革命群众当庭打死了曾当过监狱长的证人。

意大利的革命运动随着1945年4月意大利北方的解放而达到高峰。提交法庭的通敌卖国案件约3万起,每一个这样的法庭设一名专业法官,另有若干名选定的"人民审判员"从旁协助。在4月以后的6个月中,这些法庭判处200多人死刑。

事实上,大量法西斯分子和通敌分子在抓到时立即被革命群众处决,少数在经过革命群众的"审判"后被处决。

二战结束时,意大利人中竟有150万人沦为"战俘",大部分

由于丈夫成为战俘，这名意大利妇女包揽了所有家务

属于是非战斗人员。其中被押送到英美当劳工的有 55.8 万人。这些人中，到 1945 年 4 月时，已有 1.8 万人因年龄、健康等原因而被遣返意大利，其余人员的遣返工作，因英国不愿失去劳动力而被推迟。1947 年年初，英美两国遣返了所有的意大利战俘。

对于战犯的审判和惩办，英国军事法庭不仅受理对盟国军民所犯罪行的案件，而且受理对意大利人民所犯罪行的案件。结果，凯塞林和他的两个部下冯·马肯森和梅尔策被判处死刑（后改为终身监禁）。

那些比较出名的战犯中，唯一的意大利人是尼古拉·贝洛莫将军，他曾下令处决被俘的英籍战俘。1945年，尼古拉·贝洛莫被英国军事法庭宣判处决。

另外，盟国法庭审讯了很多意大利人，做出了一些死刑判决。在科西嘉岛和希腊，也有一些意大利人受审。

在挪威，有一位意大利人因其犯下的罪行而被处决。

美国陆军第九十二步兵师进驻意大利的热那亚市

许多本来被要求提交审判的人，大部分当场就被意大利革命群众处死。少数人受到意大利法庭的审判。有一些"被要求提交审判"的人不仅活着，还在意大利政府中任职。埃塞俄比亚提出的战犯名单中第一位是巴多格里奥。南斯拉夫提交的战犯名单中，有后来于1947年担任意大利国防部秘书长的塔德奥·奥兰多和内政部副部长阿基尔·马拉佐。埃塞俄比亚和南斯拉夫在战后长期要求英美两国把名单上的所有战犯交出来，但英美两国从未理睬小国的主张。

意大利1944年7月27日的法令还授权政府，对凡是担任过官职的法西斯党徒或其近亲以及企业合伙人的资本，若提不出足以证明其合法性的话，统统没收。根据这一法令，意大利政府将从500多个法西斯党徒的财产中没收约1200万英镑。

意大利政府强烈要求英美两国给予完全的盟国地位，但英美两国决定在战后对意大利实行军事管制，并在战后缔结和约时迫使意大利做出领土牺牲和其他牺牲。

1944年8月，丘吉尔访问意大利，通过此行他认为应该给予意大利政府某种权力。9月26日，英美两国发表联合声明，宣布就盟国管制委员会、外交关系、经济救济和其他方面做出让步。从1944年10月25日起，盟国管制委员会改称盟国委员会，大量军职人员被文职人员代替。11月10日，英国大臣哈罗德·麦克米伦出任盟国委员会代理主席。

1945年2月24日，英美通知意大利，此后盟国对意大利行政的管制将仅限于军事所需。意大利获得了立法权和官员任命的否决权，几个军事上的任命除外。除了某些联络官和技术专家外，盟国委员会地方一级和大区一级的工作人员全部撤离。盟国委员会总部将于1947年1月31日撤销，撤销后其工作转交给盟军司令部。

同时，英美允许意大利在外交上使用秘密电报，但意大利政府必须随时把它与别国政府的谈判情况通知盟国。

意大利人曾经希望解放后的生活大大改善，但解放后他们的生活更加贫穷了，他们靠盟军从海外供应食物生活。早在1945年以前，南方的贫穷更甚于北方，物价远远高过北方。南方在与发达的北方联系切断后更加贫穷，南方有很多地区是饱经战火摧残的，公路和铁路遭到破坏，本来就不如北方。南方的通货膨胀远远超出了盟军所能控制的范围，到意大利全面解放时，意大利的食物价格是1938年的30倍以上。

在战争中损毁的意大利城市一角

第五章 曙光初现

战争的破坏遍布全国，破坏得最严重的是西西里岛的东北部盟军登陆的地方，以及萨勒诺和安齐奥地区。

意大利战前苦于人口过分密集，现在又有近200万间房屋被摧毁，另有450万间房屋被严重破坏。仅在利里河流域就有10万意大利人成为难民。亚平宁山脉以南的农地被炸毁，用于建造机场、布雷区的土地将近81万公顷。

德军撤退时在意大利进行了有计划的破坏和洗劫。比如那不勒斯市，德军炸毁煤气、水电设施，德军撤离城市时一般总是先炸毁这些设施，他们还炸毁了港口，在许多地方安下定时炸弹，纵火焚烧了大学。

德军摧毁了意大利中部地区9/10的发电厂，并劫走了技术工人、机器、粮食、铁路车辆、卡车，甚至还运走了属于波伦亚大学的镭。

由于缺乏燃料和原料，意大利工业瘫痪了。原来处于世界第六位的意大利商船队（商船吨位达350万吨）经济损失了约90%。

1943年至1945年春，盟国向意大利提供的供应物资超过250万吨，包括149万吨粮食，其中一半以上来自英国及英联邦国家或者英国从中东地区采办的。整个救济计划，盟国共向意大利提供了595.37万吨物资，价值约4.9亿美元。

盟国竭力维持意大利的工农业生产和生活保障。盟国在紧急的工程方面做出了很多突出的贡献。比如，盟军帮助意大利抢修那不勒斯港。盟军不到一周就使一些港口恢复了作用。但恢复意大利经济的这一重任，远非盟国政府或盟国委员会能完成的。

意大利的经济重建急需财政援助，意大利于1944年夏季向美国政府申请租借法贷款。另外，1944年至1945年冬季，意大利派出代表团赴纽约谈判私人借款事宜。从1944年至1945年底，美国向意大利提供的第一批贷款达到1.64亿美元，其中400万美元由加拿大提供，还有来自私人的贷款5300万美元。

英国没有向意大利贷款，因为英国同样需要经济重建，英国受到的战争破坏的程度并不比意大利轻。英国认为向意大利提供贷款，会使一些已经解放的盟国也要求英美两国提供更多的经济贷款。

1944年秋季，意大利的居民消费和建设用的商品略有增加。盟国委员会对意大利工业进行了一次调查。不久，盟国委员会加快了意大利工厂的重建和被征用工厂的发还，还增加了这些工厂所生产的产品中留给意大利人民使用的部分。

这些经济重建的措施并未使意大利人避免在这一年的冬季挨饿。面包配给量在意大利南方仍然每人每天300克，在罗马和中部每人每天200克。美国民众要求给意大利人民提供更多食品的呼声越来越高。

1945年1月初，英美两国对意大利的政策分歧引起世界舆论的广泛关注。那时由于美国国务院泄密，美国作家德鲁·皮尔逊得到了英国于1944年8月22日表示反对意大利开始经济重建的备忘录，并披露了这一备忘中的几段摘录。罗斯福总统发表了安抚民心的声明，表示盟国会向意大利运送更多的食品。英国不得不表示同意。

另外，盟国委员会与意大利达成协议，双方制定了一个1945年必需品进口的计划；救济方面，从盟国军事支出中支付；经济重建方面，由美元贷款支付；对盟军急需的几种工业继续给予优先考虑，比如，军火工业的恢复以供应盟军在意大利战场和其他战场的需要为标准；意大利可以在资金允许的范围内进口经济重建所需的物资；意大利向美国派出技术代表团；双方为1946年规定了总值不少于11亿美元的进口计划。

1945年5月，意大利向美国所订购的进口物资陆续运往意大利。

英国向意大利提供了约9500万美元的救济开支和近9000万美元的贷款援助。英国和美国主动放弃了对意大利的赔款要求。英国对意大利的贷款援助约6亿美元，而美国约为20亿美元。

★二战中意大利的文物

二战使意大利失去了一批珍贵的文物。比如，被盟军炸毁的帕多瓦的曼泰尼亚壁画、那不勒斯的圣克莱尔教堂以及贝内文托的大教堂。

意大利的每个城镇几乎都遭受了不同程度的破坏，但艺术珍品大部分都幸存下来。负责保管文物的意大利人，一般尽力做好文物保护工作。一些文物被破坏后，意大利人以惊人的热忱加以修复，他们在废墟中寻找碎片，用千百块小片拼复壁画，甚至在阿尔诺河里把破损了的雕像一块块打捞上来。

早在1943年12月29日，艾森豪威尔就下达了这样的命令，盟军必须"在许可的范围内"尊重文物；如果盟军必须在破坏文物和牺牲官兵之间选择的话，应该放弃文物；凡仅仅是军事上的方便或甚至仅仅是个人方便的情况，决不能乱用"军事上的必要"这一借口。

在每次进攻以前，盟国的一些专家委员会曾就那些尽量不予破坏以及在占领时不让盟军部队闯入的建筑物编制了清单，列入保护欧洲文物的总计划的一部分。比如，盟军严禁轰炸威尼斯，盟军只向威尼斯的咸水湖中投掷过炸弹。盟军只轰炸过佛罗伦萨的铁路线，没有轰炸该市的任何著名建筑物。

设在盟军政府中的艺术官员们一经条件许可就去考察艺术古迹，与负责保管文物的意大利官员接触。艺术官员们就保护文物和抢劫文物等问题向盟军政府提出建议。

艺术官员们总是出现在著名建筑物附近，使它们不在工兵部队的推土机下遭殃。这些工兵部队任务繁重，只想尽早把废墟清理干净，对损毁的文物建筑能不能修复，瓦砾堆中能不能找到珍贵的文物等漠不关心。当紧急抢修著名建筑物所需的经费无法筹措时，由盟军政府暂时垫付。

而德国成立了"艺术保护委员会"，对意大利文物进行了大规模的掠夺。德国大力宣传"赫尔曼·戈林"装甲师如何在蒙特卡西诺拯救了许多的艺术珍品和文物，却不提这批文物是在教皇施加了压力后，才交还意大利政府，并暂时寄存在梵蒂冈的。有13箱的艺术珍品被戈林派人运走了。

德军于1944年7月、8月间撤离托斯卡纳前，"艺术保护委员会"运走的700件艺术珍品去向不明。另外，法恩扎、弗利和意大利北方其他城市的博物馆中也有一批文物去向不明。

1945年，意大利人才发现佛罗伦萨市丢失的那批文物被德军藏在南蒂罗尔。当时这批文物没有妥善包装，在运送过程中又经常冒着盟军轰炸的危险。据说，希姆莱多次下达密令，要求德军在被迫

意大利那不勒斯市的一栋民居前，一些摆摊的人正在闲聊

撤离南蒂罗尔时销毁这批文物，不让意大利人知道。后来，由于意大利负责文物保护的特工小组人员得到了这些密令，想办法诱使艺术保护委员会提出抗议，这些密令才没有执行。藏在南蒂罗尔的那批艺术品，由于是在盟军的辖区内，1945年7月被运回佛罗伦萨。

戈林劫掠的那13箱文物，有很大一部分藏在奥地利阿尔陶塞大盐矿的地窖中，若不是奥地利矿工向盟军报告的话，这些文物很可能被德国党卫队销毁了。至于许多被藏在德国和奥地利的文物就很难追回了。

希腊的解放

1935年，希腊国王乔治二世是在一次有争议的全民公决后，结束流亡生活回到宝座上的。希腊人民几乎都不支持他。

1936年至1941年，希腊由军事独裁者伊奥安尼斯·迈塔克萨斯统治。乔治二世和内阁成员流亡埃及。

1941年至1944年，德国、意大利和保加利亚占领希腊期间，在英国的支持下，乔治二世和内阁成员在埃及开罗成立流亡政府，流亡政府的合法性受到了希腊共产党的质疑。

德国在希腊雅典成立了一个傀儡政权，很多前政府官员加入傀儡政权。由于德国对希腊的经济掠夺，造成通货膨胀、物资短缺和饥荒，傀儡政府支持率太低，并最终彻底失去了民心。

★**希腊民族抵抗力量**

德军占领希腊几个月后，很多抵抗力量便开始行动了。其中规模最大的是成立于1941年9月的"民族解放阵线"。"民族解放阵线"（民解阵）和"希腊民族解放军"（解放军）是由希腊共产党建立的。

当时，希腊共产党的代理领导人为乔治·西安托斯，领导人尼古拉斯·扎希阿里阿迪斯被德军关在监狱里。后来，在苏联的支持下，希腊共产党成立了反法西斯联合阵线，很多党外人士加入该阵线。很快，反法西斯联合阵线扩大为希腊共产党无法控制的组织。

由于希腊共产党和苏联的关系，因此"民解阵"和"解放军"受到两支抵抗力量的敌视：拿破仑·泽尔瓦斯上校领导的"希腊全国民主同盟"（简称民盟）和季米特里奥斯·普萨罗斯上校领导的"民主与社会解放"（简称民社解）。

希腊的地形非常适合打游击战。至1943年，德军和傀儡政府只控制着主要城镇和交通线，山区都被希腊各个抵抗力量控制。当时，希腊共产党领导的"解放军"约有2万人，占领了伯罗奔尼撒半岛、克里特岛、塞萨利和马其顿在内的广大山区。

希腊国王乔治二世

"民盟"约有5000人，基本只在伊庇鲁斯作战。"民社解"约有1000人。"民盟"和"民社解"主要依靠缴获德军的战利品来装备部队，英国也提供援助。

1943年意大利部队撤离希腊时，"民社解"缴获了很多意军的武器，势力逐渐壮大。

德国人武装了一些希腊的右翼军事组织，他们声称自己也属于抵抗力量。希腊共产党领导的"解放军"不仅进攻德军，也与这些右翼军事组织作战。

"民盟"宣传盟军会通过希腊解放整个南欧，"民盟"企图在德军撤离后统治希腊。因此，希腊共产党谴责"民盟"妄图窃取革命的胜利果实。最终，政治上的冲突造成了"解放军"、"民盟"和德军的三角冲突。

英国和希腊流亡政府支持"民盟"，"民盟"的势力得到了增强。后来，这些冲突逐渐演变成内战。1943年10月，"解放军"对德军和"民盟"发动了反攻。"解放军"主要进攻的是"民盟"。席卷希腊全国的内战一直持续到1944年2月，在英国的调停下，双方停火并签署了《布拉卡协议》。

1944年3月，占领了希腊大部分领土的"民解阵"成立了民族

希腊雅典卫城的著名建筑——雅典娜神庙

解放政治委员会（民委会）。这一民主政府和雅典傀儡政府、开罗流亡政府同时存在。

民委会的目标是民族的彻底解放；国家的独立与领土完整；消灭国内的法西斯与武装反动派，等等。

民委会的第一任主席为民社解的军事领导人埃夫里皮泽斯·瓦基尔齐斯。后来，亚历山大·斯沃洛斯成为主席，瓦基尔齐斯降为副主席。

民委会成立后积极与流亡政府联系。1944年4月，希腊流亡政府的武装力量发动了起义，要求英国同意流亡政府根据民委会的原则成立民族团结政府。起义被英军镇压，流亡政府失去了武装。不久，希腊流亡政府又建立了新的武装力量。

1944年5月，各党派代表在黎巴嫩开会，目的是成立民族团结政府。"民解阵"在会上谴责其他政治派别通敌，苏联代表要求希腊共产党避免损害同盟国之间的团结，"民解阵"只好妥协。结果，各派基本上达成了一致。

希腊人民在德军占领期间的抵抗斗争是艰苦的，抵抗力量各派之间的关系错综复杂。1944年后期，苏军突破了德军防线，推进到罗马尼亚和南斯拉夫。德军从希腊撤离只是迟早的事情。当时的"解放军"若想控制希腊易如反掌。但"解放军"没有这样做，因为"民解阵"（希腊共产党高层）接到了斯大林的指示，命令他们不要破坏同盟国之间的团结，威胁苏联战后控制德国的战略目标。

此时，乔治·帕潘德里欧领导的流亡政府搬到了意大利卡塞塔。

10月，英军在希腊登陆。德军几乎全部撤离，英军没有遇到任何抵抗。这时,"解放军"拥有5万人,他们全部换成了德军撤离时留下的装备。

10月13日,英军占领雅典,帕潘德里欧和流亡多年的内阁成员回到了雅典,成立新政府。乔治二世被迫留在开罗,因为帕潘德里欧向希腊人民承诺要通过全民投票来确定希腊是否保留君主政体。

斯大林已经与丘吉尔达成协议,希腊是英国的势力范围。"民解阵"对此事十分清楚,但"解放军"和普通党员并不知道这件事。

按照斯大林的指示,希腊共产党高层尽量避免与帕潘德里欧政

英军士兵在街上巡逻,帮助希腊维持治安

府发生冲突。希腊共产党领导人齐马斯、阿雷斯·维卢基奥蒂斯等人不想把政权拱手让给新政府，但英军在兵力上远远超过了"解放军"。而"解放军"官兵不明真相，他们把英军当成解放者。

齐马斯反对"解放军"与英国合作，他主张和南斯拉夫共产党的领导人铁托联系。铁托表面上服从斯大林的安排，但在暗中积蓄武装力量。铁托相信希腊共产党也会这样做，然而，他的影响力在当时还无法阻止希腊共产党高层同意斯科维指挥"解放军"。

不久，帕潘德里欧政府要求各派抵抗组织解除武装，并组建统一由政府指挥的国民警备队。"民解阵"认为这样会使"解放军"无法抵抗右翼军事组织的进攻，因此向帕潘德里欧政府提交了修正案，但被帕潘德里欧拒绝。

斯大林也指示"民解阵"解散"解放军"，在英国和苏联的压力下，"民解阵"被迫向帕潘德里欧政府妥协。12月1日，斯科维下令解散"解放军"。希腊共产党领袖西安托斯拒绝执行解散的命令。

12月3日，"民解阵"在雅典市中心的宪法广场举行了游行示威。雅典警察向游行群众开枪射击，激起了当地"解放军"的反抗。这一事件引起了局部战争，战争的一方是雅典附近的"解放军"，另一方是希腊政府军和英军。

12月4日，帕潘德里欧准备辞职，但英国大使强迫他留职。12月12日，"解放军"势不可挡，占领了雅典大部分地区和比雷埃夫斯。英军急忙从意大利调来英军第四师。

在激战中，许多与纳粹德国合作的卖国贼站在了希腊政府军和英军一边，与"解放军"展开了激战。

随着时间的推移，人多势众的英军取得了上风。但令人吃惊的是，希腊其他地区的"解放军"没有参战，因为"解放军"并不想挑起内战。

在英军与"解放军"激战期间，二战仍未结束。这给英国政府带来了严重的政治危机，遭到了英国人民、美国人民和英国国会下院的抗议。为了摆脱政治危机，丘吉尔于12月24日急忙赶到雅典，呼吁冲突双方停火。斯大林担心希腊问题引起各国共产党的疑虑，便派代表应邀出席会议。在这次会议上，由于英国与"民解阵"之间的分歧太大，谈判破裂。

1945年1月5日，"解放军"被迫撤出雅典。在丘吉尔的安排下，帕潘德里欧下台。丘吉尔支持坚定的反共分子尼古劳斯·普拉斯提拉斯上台。1945年1月15日，英军同意停火，条件是"解放军"从佩特雷和萨洛尼卡撤退，在伯罗奔尼撒半岛解散。"解放军"撤退并未解散。

希腊共产党追杀"卖国贼"的扩大化连累了很多人。在"解放军"占领雅典期间，希腊共产党以各种政治理由处决了8000人，结果到处树敌。当"解放军"撤离时，又掠走了2万名人质。

希腊人民忍受了4年残酷的战争，渴望和平，而不是内战。雅典之战结束后，希腊共产党的支持率急剧下降。另外，大批优秀共产党员脱离了"民解阵"。同时，许多右翼团伙的恐怖活动开始猖獗起来。

1945年2月，在盟国的主持下，希腊各党派签署《瓦尔齐萨协议》。该协议规定："解放军"和其他一切准军事组织必须解散，只保留希腊政府军；各政党保持合法地位，赦免一切政治犯；是否保留君主政体举行全民公决，并马上开始大选，等等。

第五章 曙光初现

1945年4月，希腊共产党领袖尼古拉斯·扎希阿里阿迪斯从德国返回希腊。他说希腊共产党的目标是通过和平手段实现民主。

《瓦尔齐萨协议》使希腊共产党在政治上的失败转变为军事上的惨败。"解放军"被解散。另外，希腊政府的特赦令也不公正，很多在德军占领时期的抵抗行为被视为战争犯罪。政府军肆无忌惮地围剿游击队，很多游击队员被迫把武器藏了起来。约5000名游击队员逃亡到南斯拉夫。

随着苏联与英美关系的恶化，冷战开始，希腊共产党改变了处处忍让的立场。这时，斯大林根据与丘吉尔的协议，不肯支持希腊共产党的武装斗争。

经过对希腊局势、巴尔干半岛和国际形势的认真分析后，希腊共产党于1946年2月决定"对君主独裁的法西斯政府展开武装斗争"。

希腊共产党拒绝参加1946年3月的希腊大选。支持君主政体的"联合爱国党"在大选中获胜。康斯坦丁诺斯·查达里斯领导的"人民党"是"联合爱国党"的主要成员，查达里斯理出任希腊总理。

在1946年9月的全民公决中，保皇派以多数获胜，希腊共产党认为该选举存在舞弊。但这时乔治二世趁机于1946年9月27日回到雅典，及时地恢复了王位。

南斯拉夫的解放

1941年4月15日，南斯拉夫国王彼得和政府所派代表与德国谈判，签署了投降书。一时间，法西斯军队和卖国贼在南斯拉夫不可一世。短短几个星期，南斯拉夫失去了大片领土：意大利得到了门的内哥罗、达尔马提亚和斯洛文尼亚的大部分；匈牙利得到了巴奇卡平原；保加利亚得到了马其顿和部分塞尔维亚；德国得到了斯洛文尼亚北部；克罗地亚由帕维利奇的乌斯塔沙成立"克罗地亚独立国"；塞尔维亚由奈迪奇将军建立了政府。

国破家亡，南斯拉夫所有的旧政党都沉默了，它们的领导人有的随国王流亡国外；有的留下来观望，或者投靠法西斯。而铁托领导的共产党，在萨格勒布陷落那天，即4月10日，以中央委员会的名义发表了谴责轴心国军队侵略的宣言，并宣布成立中央军事委员会，铁托担任中央军事委员会主席。

4月底，南斯拉夫共产党召开了中央委员会会议，决定发动武装起义，建立反法西斯民族解放阵线。

轴心国军队残酷地镇压南斯拉夫共产党的反抗运动，南共被迫转入地下活动。5月中旬，在巴尔干半岛的德军主力逐渐向罗马尼亚－苏联边界转移。

6月22日，德国入侵苏联。铁托宣布起义，号召全国人民团结起来反抗侵略者。6月23日，在南共的领导下，南斯拉夫人民积极行动起来。首都贝尔格莱德通往萨格勒布的铁路被炸毁，大量德国宣传品被烧毁、电线被切断。单个的德军士兵在街上遭袭击，德军的军车被炸毁。德军开始了大规模报复行动。

南共在城市中开展的抵抗运动规模很大，但缺乏基地，困难重重。南共要想真正赶走侵略者，必须建立能够长期作战的基地。南共开会成立了民族解放游击队司令部，铁托担任总司令。从此，南共在南斯拉夫全境组织游击运动。

南斯拉夫共产党领袖铁托

当门的内哥罗与意大利合并后，南斯拉夫人民纷纷要求游击队发给武器攻打意军。两天内，门的内哥罗除了3个城市外，都变成了解放区。游击队俘虏了两个意军师，装备大大加强，战斗力大增。

在南斯拉夫各地，游击战的形势每天都有新的进展，铁托在贝尔格莱德指挥着全国的游击战。当时的南斯拉夫最高统帅部，实际上只有铁托一人。他在一座简陋的别墅里工作。他把同志们都派到全国各地发动群众去了。

贝尔格莱德毕竟处于德军的占领下，长期作为南斯拉夫最高统帅部所在地显然是不利的。铁托认真研究了全国的地形，最后把统帅部搬到塞尔维亚西部的山林地区。

由于游击队越剿越多，再加上在南斯拉夫的德军不断调往苏联战场，德军的兵力越来越少，被迫缩短防线，最后竟撤离了塞尔维亚，包括重要的城市乌日策。铁托立即把统帅部搬到乌日策，在乌日策建立了政权。解放区恢复了 160 多公里的铁路运输，还开办了学校，办了邮政。经过两个月的时间，解放区的经济逐渐稳定下来。

游击队在塞尔维亚的发展引起了德国的警觉。从 9 月中旬起，德国不断向南斯拉夫增兵，开赴解放区围剿游击队。11 月底，革命形势越来越不利，许多游击队被迫从乌日策撤往农村和广大的山区。

自从游击队撤离乌日策后，铁托就开始总结经验教训。最后，他发现游击队最大的弱点是缺乏统一的指挥系统，他不得不指挥每一支游击队，这严重地影响了协同作战。另外，游击队员主要是由农民组成的，农民们只想在家乡附近作战，不愿意离开家人。

铁托还发现，从乌日策撤出的一些游击队，其中有很多是工人

德军半履带车拖着反坦克炮前进

组成的，而工人组成的游击队不恋家，这样的队伍才是拖不垮的。没有正规部队就无法实现任何战略目标，永远是一盘散沙。铁托决定建立以工人为骨干的解放军。

铁托指挥游击队的主力进攻南方，暂避德军的锋芒。他想建立一个根据地，最后选中了小城福查。很快，游击队攻占了福查。不久，福查与全国各解放区建立了无线电联系。自从遭到入侵以来，南共一直想办法联系莫斯科，想争取苏联的援助。但苏联自顾不暇，无力援助南斯拉夫。这一时期，南共对苏联感到很失望。

1942年3月底，德意军队包围了福查，游击队被迫突围。铁托直接指挥的5个旅在德意军队的追杀中，连吃饭都成了大难题，山上只有树木。

铁托率领5个旅克服重重困难，向波斯尼亚西部解放区转移，一路之上攻下了一些城市。游击队以严明的纪律赢得了广大人民的信任，人们踊跃参加游击队。

游击队在快速壮大，解放区也在不断扩大。游击队建立了空军，很快，又建立了海军。海军划着木船在海上与德意的军舰作战。

这时，铁托的统帅部设在格拉莫奇，后来转移到佩特罗伐茨。

1942年10月，游击队的兵力已经超过了15万。铁托认为组建正规军队的时机成熟了，他下令改建大规模的军队组织——人民解放军。11月初，铁托集结了解放军的主力，解放了西部重要城市比哈奇，使比哈奇成为解放区的中心，即"比哈奇共和国"。德国称其为"铁托国"。这片解放区占南斯拉夫国土的20%。

1942年11月26日，南共在比哈奇建立了政权——人民解放委员会。德国决定发动一次大规模攻势，歼灭解放军。

铁托分析了德军的战略意图,制定了战略计划:避开正面德军,将部队向山区转移,使德军无法发挥坦克、卡车和飞机的优势;同时,全国各地的游击队应日夜袭扰,炸毁德军的交通、通讯设施,偷袭德军的后勤部队和卫戍部队;解放军在山区严阵以待,趁机攻占几处战略要地,争取战争的主动权。

在这次反围剿中,铁托亲自指挥第二师攻下了普罗佐尔,歼灭了一个意军师,缴获了该师的所有装备。南斯拉夫第一师攻克了战略要地马连克。另一个南斯拉夫师在伊莫斯基-德雷日尼察一带切断了德军的道路,南斯拉夫第七师和第九师赶来与前面3个师会合。铁托准备指挥主力强渡奈雷特瓦河,继续向前扩大战果。

然而,在奈雷特瓦河谷和拉马河谷,解放军与德军激战了一个多月没有取得重大突破。长期的作战和饥饿使很多解放军官兵筋疲力竭。与此同时,难民的人数在不断增多,约10万难民追随着解放军。解放区的房子几乎都被德军烧毁了,大多数难民在严冬季节只能睡在野地里。

为了拯救大量的伤员和难民,铁托被迫向苏联发出一封求援的电报。斯大林回电:无力援助。

几个星期后,当解放军与德军和乌斯塔沙交换战俘时,斯大林对此表示不满。铁托在电报中抱怨道:"你们既然不愿帮助我们,至少不要妨碍我们。"

在接下来的战斗中,解放军使用了刚刚缴获意军的15辆坦克和大量火炮。德军猝不及防,仓皇后撤16公里。解放军俘虏了大量德军,当德军俘虏们听说解放军的坦克是从意军那里缴获的时候,叹道:"唉,可爱的意大利人总是到处给敌人送军火!"

解放军强渡奈雷特瓦河后，马上向黑塞哥维那和门的内哥罗发起进攻。解放军一边扩充兵力，一边截断德国通往马其顿的道路。德国发现解放军的威胁太大，马上抽调兵力发动大反攻。

1943年5月中旬，盟军发现以铁托为首的游击队作用很大，英国立即派代表团前往解放区调查。为了等待英国代表团的到来，解放军在12个轴心国师的围攻中一直坚守到代表团到达后才突围。

南共统帅部随主力部队突围后，负责后卫任务的第三师伤亡惨重。解放军在战斗中尽管遭受了重大伤亡，但是兵力并没有因此而减少，全国各地的游击队不断向解放军输送兵员。英国政府得知南

德国和保加利亚士兵处死南斯拉夫游击队员

斯拉夫抗战力量如此强大，立即增派一名准将参加驻南斯拉夫统帅部的代表团。

1943年9月，意大利投降了。南斯拉夫境内的15个意军师放下了武器，南斯拉夫得到了大量的装备，实力倍增。

1943年是南斯拉夫抗战的转折年。解放军和游击队击退了德军的多次进攻，解放了一半以上的领土，抗战武装达到30万人。

人民委员会下令取消在伦敦的流亡政府的所有权力，国王及其王室成员禁止回国。

这一年，英美苏在德黑兰召开会议，正式承认南斯拉夫解放军为盟军。德黑兰会议后，苏军不断发动反攻，兵锋直指罗马尼亚。德国担心英美两国在南斯拉夫的亚德里亚海岸登陆。为了肃清海岸地带，1943年12月，德军向解放军发动了大规模的攻势。

铁托立即把最高统帅部和人民委员会搬到比较安全的德尔

南斯拉夫游击队员正在休息

瓦尔。战役非常激烈，德军在山区无法发挥机动优势，最后遭到了惨败。

为了争取人民委员会在国际上的合法地位，铁托展开了艰巨的外交战。英美苏尽管已经承认南斯拉夫解放军为盟军，但他们仍认为流亡的国王政府为南斯拉夫唯一的合法政府。

1943年冬季，铁托终于与丘吉尔建立了个人联系。他又派出两个代表团，分别赴英美两国和苏联访问。1944年初，英国开始援助南斯拉夫解放军，而美国的反应则比较迟缓。这时，苏联对南斯拉夫也展开了积极的援助。

1944年6月，铁托把人民委员会和最高统帅部搬到维斯岛。丘吉尔送给铁托一辆吉普车。在维斯岛，苏美英三国的军事人员与铁托的联络日益频繁。就这样，流亡的南斯拉夫国王政府在国际上的影响越来越小。

丘吉尔开始调解国王政府与人民委员会的矛盾。6月，铁托接到丘吉尔的电报：国王彼得的代表苏巴塞奇首相将来到维斯岛。铁托不得不做出某些让步，同意接待苏巴塞奇。双方签署了一项协议：人民委员会为南斯拉夫唯一的合法政府；人民解放军是唯一合法的军队；南斯拉夫在伦敦成立新政府；战争期间，不谈国家政体问题，而等待战后由人民决定。

1944年6月，盟军登陆诺曼底后，准备攻打德国南部地区。8月12日，铁托从罗马赶往那不勒斯，与丘吉尔会晤。不久，铁托返回维斯岛。

战局一直朝着有利于盟国的方向发展，战线逐渐扩展到塞尔维亚境内。铁托认为塞尔维亚在整个战局中具有重要的战略意义，此战务求必胜。南斯拉夫解放军正向萨瓦河和多瑙河挺进。9月6日，南斯拉夫解放军与向罗马尼亚推进的苏军会师。

★铁托访苏

9月下旬，为了协调南苏军队的联合作战，铁托会见了苏军的科涅夫将军。铁托提出访问莫斯科。科涅夫表示欢迎，立即做出了安排。斯大林早就有请铁托访苏的意思，他不想在南斯拉夫的问题上落在英美两国之后。

9月18日晚，铁托在科涅夫的陪同下，乘苏联运输机秘密离开维斯岛，飞抵莫斯科。

铁托向斯大林建议，南斯拉夫军队只有一个装备英式"斯图亚特"坦克的装甲师，为了解放贝尔格莱德，请求苏联增援一个坦克师供南军指挥，以对付德军装甲部队。斯大林笑道："我给你的不是一个坦克师，而是一个坦克军！"

另外，斯大林以援助的名义支援南斯拉夫两个航空师和其他重武器。很快，两人就进军的具体计划进行讨论。9月25日，双方发表联合公报：苏军统帅部为了进攻匈牙利的德军，请求南斯拉夫人民解放委员会同意苏军暂时进入与匈牙利接壤的南斯拉夫……等苏军完成作战任务，立即撤出南斯拉夫。南斯拉夫人民委员会同意苏方请求。

几天后，铁托返回南斯拉夫时，解放贝尔格莱德的战斗早已打响。解放军第一军团和苏军第四机械化军发动了总攻，经过6天的激战，南苏联军解放了贝尔格莱德。

南斯拉夫社会主义联邦共和国国旗

1945年2月底，盟军地中海司令亚历山大访问贝尔格莱德，与铁托商议联合作战的计划。南斯拉夫的80万解放军已经做好了发动大反攻的准备。德军在南斯拉夫仍有17个师以及20个师的伪军。

3月20日，南斯拉夫解放军发动大反攻。从3月20日到4月16日，解放军先后收复了利卡和克罗地亚沿海地区，并推进到卡林西亚和策洛维奇地区。5月1日，解放军收复了的里雅斯特。5月7日，解放军强渡德拉瓦河，又越过波得拉维纳，到达萨格勒布以北，包围了德军。另外，解放军还突破了德军防线到达萨格勒布；强渡了博斯纳河，解放了多博伊和萨格勒布。

5月8日，苏军占领柏林，德国宣布无条件投降。在南斯拉夫境内的德军仍在负隅顽抗，从5月10日至15日，激战仍在斯洛文尼亚进行着，直到德军被消灭干净为止。

铁托在检阅参加最后战斗的部队时说："南斯拉夫是欧洲唯一一个不靠外来帮助从德国占领军手里解放自己的国家。"

南斯拉夫全国的人口为1500万人，死于战争的人口为170万人，其中死在战场上的为30.5万人，另有42.5万人受伤。几乎所有的城市都遭到了破坏，交通瘫痪。

南斯拉夫对反法西斯战争做出的巨大贡献是不容怀疑的，南斯拉夫牵制了德军25个师，加上保加利亚、匈牙利等国的15个师。轴心国在南斯拉夫的总兵力为40个师，共58万人。

1946年，铁托当选为南斯拉夫联邦人民共和国政府总理和最高统帅。

1952年，南斯拉夫共产党改名为南斯拉夫共产主义者联盟，铁托当选为南共联盟总书记。1953年，铁托当选为南斯拉夫总统。1961年，铁托在首都贝尔格莱德主持了第一次不结盟国家领导人会议。

1974年，铁托成为南斯拉夫终身总统。1980年5月4日，铁托逝世于卢布尔雅那。

阿尔巴尼亚的解放

阿尔巴尼亚共产党领导的游击运动与南斯拉夫的游击运动紧密联系并受其影响。阿尔巴尼亚共产党领导的解放阵线在第二次世界大战结束后改名为民主阵线,民主阵线是阿尔巴尼亚的群众政权。

在1939年被意大利吞并以前,阿尔巴尼亚并没有任何称得上政党的组织。有的顶多是一些依附于某位大地主或者某一个部落酋长的组织。意大利入侵以前的阿尔巴尼亚王室及其大臣们对民主阵线一直抱有敌视态度。这些人中的很多人后来渡过亚得里亚海逃亡了,剩下的则被处决。

一些非共产党的游击队领导和教会人士加入了群众性的民主阵线,比如穆斯林领导人巴巴·法贾,他是贝克塔希修道院的院长。

阿尔巴尼亚共产党(1948年改名为阿尔巴尼亚劳动党)是在1941年由恩维尔·霍查组建的。共产党在霍查的领导下对德意军队展开了游击战争,霍查是阿共中央委员会成员之一。

★霍查

1908年10月16日,霍查出生在吉诺卡斯特的一个穆斯林家庭。1930年,霍查中学毕业,考入法国蒙贝利尔大学(蒙培利埃大学)学习自然科学。后来退学,加入法国共产党。

霍查经常在法国共产党的报纸上发表文章抨击阿尔巴尼亚王室。1936年,霍查返回阿尔巴尼亚,在科尔察中学当老师。他加入当地的共产主义小组，成为小组的领导人之一。

1942年，霍查当选为阿尔巴尼亚民族解放会议主席团委员。1943年，霍查当选民族解放军总部政治委员。1943年至1954年，霍查当选为阿共中央总书记。1944年5月，他当选反法西斯民族解放委员会主席。1944年10月，民族解放委员会改组为临时政府，霍查出任总理。1946年，霍查成为阿尔巴尼亚人民共和国的首脑。1946年至1953年，霍查出任部长会议主席兼任外长。1954年，霍查当选为党中央第一书记直到逝世。1955年，霍查出任民主阵线全国委员会主席，兼任人民军总司令。1985年4月11日，霍查逝世。

阿尔巴尼亚领导人霍查

1945年8月，阿尔巴尼亚实行了土地改革，此次土改分了所有的大地产，这些大地产曾占全国可耕地面积的30%。土改规定每户的地产最多不准超过20公顷，并在接下来的几年中把约30万公顷的耕地分配给6万农户。

阿尔巴尼亚新政权的领导层来自那些曾在法国、意大利或者南斯拉夫大学里受过高等教育的年轻知识分子，其中一些人早在1939年前就是共产党员，大多数是被阿尔巴尼亚和南斯拉夫抵抗运动所吸引回国的。

第五章 曙光初现

阿尔巴尼亚是农业国，工人阶级和资产阶级的人数较少，这两个阶级在阿尔巴尼亚的政治舞台上起不到太大的作用，主要是农民，而土地改革调动了农民的积极性。

阿尔巴尼亚的游击战与南斯拉夫的游击战争类似，主要靠自己，外援很少。曾经有一个英国军事代表团去过阿尔巴尼亚，1945年4月17日，英国还与阿尔巴尼亚签署过给予救济的协议，救济起初由英美方面的军事联络组提供，后来改由联合国善后救济总署提供。

1945年5月8日，美国国务院的官员雅各布斯对阿尔巴尼亚的

1943年6月23日，美国亚历山大将军（前排左一）、巴顿将军（中）及海军少将柯克（前排右一）抵达阿尔及利亚

形势进行考查。美国在承认阿尔巴尼亚政府合法性的照会中谈到了《雅尔塔宣言》，要求阿尔巴尼亚保证通过自由选举产生制宪议会；要求阿尔巴尼亚给予新闻记者自由活动的权利；要求阿尔巴尼亚政府承认 1939 年 4 月 7 日签署的阿美两国之间的所有条约和协定。

英国在承认阿尔巴尼亚政府的照会中也谈到了自由选举和新闻自由的问题。苏联在承认阿尔巴尼亚的照会中没有提出任何条件。

1945 年 12 月 2 日，阿尔巴尼亚举行大选。92% 的选民投了票，93% 的选票支持民主阵线。1946 年 1 月 11 日，阿尔巴尼亚人民共和国成立。

新政府清除了意大利的残余势力。意大利的"葛兰西"师曾于 1943 年意大利投降后，帮助阿尔巴尼亚游击队与德军作战。德军撤离阿尔巴尼亚，8 个月后，即 1945 年 6 月 2 日，"葛兰西"师撤回意大利。11 月，阿尔巴尼亚把所有意籍的神父和修女驱逐出境，和意大利的关系日益恶化。

这几年中，更重要的是阿尔巴尼亚与希腊的关系。希腊民族主义者决心要吞并阿尔巴尼亚最南面的北埃皮鲁斯。北埃皮鲁斯的居民大多数是阿尔巴尼亚人，但宗教上是主要信奉正教的基督徒，这里还有希腊少数民族，希腊少数民族在当地文化方面的影响力很大。

希腊对北埃皮鲁斯垂涎已久，早在 1912 年至 1913 年的巴尔干战争时期，希腊军队曾经入侵该地区。1941 年，在击败意军的战役中，希腊军队曾为北埃皮鲁斯而战斗过。希腊人提出要取得这片领土作为希腊替盟国事业出力的酬劳，还指责阿尔巴尼亚人曾"帮助轴心国作战"这一可疑的证据来支持自己的领土要求。

第五章 曙光初现

德军在败退之前降下悬挂在希腊雅典卫城的军旗

事实上，阿尔巴尼亚在1939年是轴心国入侵的受害国，阿尔巴尼亚游击队给轴心国的打击，远远要大于通敌者对意军所出的力。

1945年发生了一系列希阿边境事件。1945年5月27日，阿尔巴尼亚北伊皮鲁斯地区的希腊少数民族在雅典集会通过一项决议，请求盟军占领北伊皮鲁斯地区以保护希腊少数民族的生命和财产安全。7月，希腊总理沃尔加里斯给盟国上交一份备忘录，要求盟国就北伊皮鲁斯地区的归属问题做出决定以前出兵占领该地区。盟国否决了希腊的无理要求，11月，盟国承认了阿尔巴尼亚政府。

盟国承认霍查政权之事在雅典引起了大规模的抗议示威，希腊人民对盟国的政策进行了猛烈的抨击。从此，阿尔巴尼亚与希腊的关系一直处于紧张状态。

由于英国支持希腊政府，因此阿尔巴尼亚敌视英国的情绪猛涨。英国驻地拉那使馆缺一名一等秘书，英国想让曾在战时与阿游

霍查在工会代表大会上发表讲话

击队一同工作过的军官担任。但阿尔巴尼亚政府拒绝了,结果英国于1946年4月决定不再向地拉那派驻外交人员。阿尔巴尼亚和英国的关系破裂,此事影响了美国对阿尔巴尼亚的态度,1946年11月,美国使馆也撤出了阿尔巴尼亚。

阿尔巴尼亚受南斯拉夫的影响很大。南斯拉夫共产党在解放战争中曾给予阿尔巴尼亚共产党巨大的援助和指导。南斯拉夫还积极参与阿尔巴尼亚战后的经济重建计划。

但阿南关系处于感激和怨恨的相互矛盾的心情支配下,关系很不稳定。所有阿尔巴尼亚人都不会忘记,不管是共产党人还是非共产党人,他们都知道有70万阿尔巴尼亚人(约占全国人口的60%)被划在南斯拉夫版图内。70万人中有的居住在科索沃-梅托希亚"自治省",有的居住在马其顿西部的边缘地区。

1941年,轴心国瓜分南斯拉夫时,意大利将这些领土划给阿尔巴尼亚。二战期间,阿尔巴尼亚的共产党人中都有一种希望,认为铁托将允许"民主的阿尔巴尼亚"保有这些领土的全部或者部分。铁托却没有这样做,因为他不愿意使南斯拉夫的领土受到任何侵犯。

阿尔巴尼亚共产党的领导人中,有些是南斯拉夫的朋友,有些是南斯拉夫的反对者。

当时,阿尔巴尼亚在外交上与希腊以及西方国家的关系非常紧张,与南斯拉夫保持着紧密的联系。甚至有人提出把阿尔巴尼亚、保加利亚和南斯拉夫合并,成立巴尔干联邦的计划。

苏联把阿尔巴尼亚完全交给南斯拉夫控制,但到了1947年底时,苏联改变了对南斯拉夫的政策,开始干预阿尔巴尼亚事务。

1948年初，霍查请求南斯拉夫人派两个师到阿尔巴尼亚的南方，帮助阿军抵挡希腊军队的进攻。铁托在原则上决定答应阿尔巴尼亚的请求，事前没有与斯大林商量就作出了该决定。在1948年2月的会晤中，斯大林曾用这一点来责备铁托。

南斯拉夫与苏联反目成仇后，霍查背叛了铁托而投向斯大林。然而，阿尔巴尼亚与苏联的友好关系也没有维持多久。

第五章 曙光初现

新西兰士兵进驻意大利的里雅斯特

图说 二战战役 西西里大反攻

几名美军士兵正在观察前线

美军伞兵发起冲锋

第五章 曙光初现

美军巡逻车路过被炸毁的意大利火车站

美军运输队正在行进